へこたれない子になる育て方

花まる学習会 代表
高濱正伸

プレジデント社

はじめに
～「へこたれない子」になるために不可欠なこと

「メシの食えない」大人を出してしまう教育

こんにちは。「花まる学習会」代表の高濱正伸です。

私は、花まる学習会を設立し、約20年間、現場に立ちつづけてきました。もともと教育の道を志したのは、いくつかのやりたいことの中から、自分の心がもっとも惹かれるのは、「子ども」という生き物だと確信したからです。

「子どもたちと一緒にいたい」——。その一心で、効果的な指導を練り上げ、教材の形にし、授業を行ってきました。

指導の軸となっている理念が、「社会に出てから、自分でメシの食える大人を育てる」ということです。

というのも、私自身、「教育」の現場に身を置くようになり、その中でつねに大きな問題意識としてあったのが、「なぜ、義務教育を経てきたはずなのに、こんなにもメシの食えない（＝自立できない）大人が量産されているのか」ということだったからです。

教育の役目は本来、「それを通じて、社会に出てから必要な力を身につけさせること」のはずです。ところが、現状はどうもそうなっていない。

「社会でやっていけません」とドロップアウトしてしまう若者が、なんと多いことか。内閣府の統計（２０１０年）では、「ひきこもり」と呼ばれる状態の人たちは約70万人。実情は、もっと多いと思われます。

社会人として自分でメシを食えない人たちをこれだけ生み出しているということは、いまの日本の教育が「教育」としての役目を果たせていないのです。

人としてはやさしい。言われたことはやる。けれども、能動的に「やってやろう！」という気迫がない。ちょっと怒られただけで会社を辞める。「社会に出てやっていけません」「社会人としてメシを食って、生きていけません」とドロップアウトしてしまう人が、なぜこんなにも多いのか。

それを突き詰めたときにわかったのは、次の2つでした。

・幼児期の教育こそ大事
・母という関数の大きさ

そこで、花まる学習会では、「幼児期にこそ伸びる力」に注目して授業を行ってきました。また、原体験の大切さを伝えるため、野外体験企画もずっとつづけてきました。これまでお母さん・お父さん向けの講演会や勉強会をくり返し開催してきたのも、「親が変わる」ことこそが必要だと思っているからです。

おかげさまで、いまやたくさんの保護者の方から応援していただいています。

「うちの子は悪くない」一辺倒の親が増えている

ここで、本書を著すことになったきっかけをお話ししましょう。

ある教室での出来事です。会員のお父さんからものすごい勢いでクレームを言われました。

「うちの子が授業中に、同じテーブルの子にいやなことを言われた。聞けば、以前にも同じようなことがあったそうじゃないか。どうしてくれるんだ！」

このお父さんは激昂してしまっていて、手がつけられないといった感じでした。

私は長く現場を持っていますが、最近、こうした保護者の方が増えてきたなという印象があります。

子どもというのは、基本的に嘘だってつく生き物です。しばしば自分がいいように言うし、大好きなお母さんが「まあ、そんなことがあったの！」と心配顔で前のめりになってくれることが嬉しいのです。

ですから、もめごとがあった場合の「叱り」の原則は、基本的には「両成敗」です。一方の子が言うことだけを信じてはいけないのです。

ただし、「両成敗」であっても、子どもの言っていることには、きちんと耳を傾けてあげなければいけません。子どもというのは、大好きなお母さんにいやだったときの気持ちをすべて聞いてもらえればスッキリして、また外に出ていける生き物だからです。

先ほどのケースにしても、実際よくよく聞いてみると、そのお父さんの子どもから仕掛けたケンカだったようです。けれどその子だって、ものすごい悪気があったわけではなく、ちょっと注目を集めたいくらいの気持ちだったのでしょう。

親こそ、トラブル経験が不足している

こういう「うちの子は悪くない」一辺倒な親が増えてきているというのは、ある種、時代的な問題です。つまり、親の世代こそ、トラブル経験が不足している

のです。親自身が「除菌主義」で、事なかれ主義で育ってきたので、同じように「わが子に事があってはならない」と強く思っているということです。

とはいえ、母親というのはその本能から、わが子を守ろうとするものです。「○○君に、~って言われた!」とわが子が泣いて帰ってきたら動揺するし、またその言い分に共感し、守りたくなるのは当たり前です。それが母親の母親たるゆえんです。

しかし、問題なのは、その母親に対して「待て待て。ここは落ち着いて考えよう」と止める役割を果たすべき人がまわりに存在していないということです。母親以外のまわりの大人、なかんずく夫が、大きい心で見守る、諭してあげる関係性が崩れてしまっている。その典型が、冒頭のお父さんでしょう。妻に言われたら自分も怒りに火がついて、そのままクレームを言ってしまうのです。

花まる学習会が大切にする「もめごとはこやし」

近年、「AQ」という指数が注目されています。これは、「逆境指数」と呼ばれるもので、1990年代にハーバードビジネススクールの客員教授、ポール・G・ストルツ博士によって考案された考え方です。

具体的には、「日常のさまざまな逆境に対して、人や組織はどのように反応するのか」を指数化したもの。その指数によって人はレベル1～5まで分けられるとしており、レベル1、2、3と、数字が大きくなるほど、人生の逆境における対応能力が高いということになります（詳細は53ページ～で述べます）。

この「AQ（逆境指数）」の考え方は、私自身の感覚にぴったりマッチしました。というのも、私は、花まる学習会での授業や、保護者への講演会を通じて「もめごとはこやし」とずっと言ってきたからです。

どんなに厳しい、先の見えない時代になろうと、明るくたくましく生きていく力をこそ、社会に出る前に身につけさせなければならない。だから、ちょっとしたもめごとやケンカは経験させることが必要だ、と。

冒頭の話に出てきたお父さんはまさに、この逆境指数が弱かったといえるでしょう。小さなわが子のもめごとに親が首を突っ込み解決するということをくり返していたら、子どもは「ケンカはダメ」としか思えない子に育ちます。

そうなると、本来社会に出る前に経験しなければならないいやな気持ちや、そうした気持ちを持った場合に、どう行動すれば人間関係をうまく築いていけるかといったことを考える機会もなく、社会に出なければならなくなります。

世間は甘くありません。日々不条理なこと、人間関係でのぶつかり合いだらけです。その中を生き抜いていくための力を持てなかった人は、たとえ企業に採用されたとしても、早晩折れてしまうでしょう。

本書は、子どもたちが出会うであろうさまざまな「逆境」をテーマにしたものです。見据えるところは、日々遭遇する逆境を、しなやかに自分の栄養にしていってほしいということです。

そのためには、いま、お母さん・お父さんたちに「わが子に、こういう心構え、接し方でいてほしい」ということを伝えなければならないと思い、書きました。

「逆境」というテーマに対し、「うちの子には関係ない」「まだ先のことだな」と感じるかもしれません。けれども、つらいことやいやなことは、子どもに限らずすべての人が通る道です。ぜひご自身の子ども時代も振り返りながら、読み進めていっていただきたいと思います。

この本を通じて、お子さまがより強く、たくましく育ってくれたなら、これ以上の喜びはありません。

２０１５年３月

花まる学習会　代表　高濱　正伸

へこたれない子になる育て方 もくじ

第1章 子育てのゴールは22歳

第2章

世の中は「捉え方」で決まってくる

第3章 子どものケンカ、いじめ……。そのとき、親はどう接する？

第4章 思春期の逆境乗り越え体験は一生モノの財産

第5章 へこたれない子に育てるための10の心がけ

第1章

子育てのゴールは22歳

子育てに正解はない。大事なのは、お母さんが今日、心から笑えているか

お母さんは不安だらけ

この章ではまず、お母さん向け講演会でよくお話ししている、花まる学習会の考える子育ての基本的なポイントをお伝えします。

小学1年生の男の子のお母さん。母歴は5年目、6年目くらいです。子どもが幼稚園を卒業し、4月から小学校がはじまりました。

なんとか慣れてきたなと思った矢先、テストが返ってきました。82点。これがいいのか悪いのかわかりませんが、少なくともお母さん自身は、勉強で困ったことがなかったので焦ります。

授業参観に行けば、わが子はまわりをキョロキョロ。友達からお手紙をもらえば、「○○ちゃんはもうこんな漢字が書けているわ！」と思う。「休み時間、何して遊んだの？」と聞くと、「ひとりで砂場で遊んでた」と答える。「勉強がわかってないのでは」「話を聞けていないのでは」「これしか漢字が書けないなんて遅いのでは」「仲間外れにされているのでは」……。

さまざまな心配で頭がいっぱいになります。

そう、お母さんというのは、わが子のことが心配で心配で、たまらない生き物なのです。

急に雨が降ってくれば「傘を持って行ってないけれど、大丈夫かしら」。

初めてお泊まりに行かせた日には、一日中、「寒くないかしら」「風邪をひいてないかな」「ご飯は食べたかしら」「毛布は首までかぶってるかな」「さみしくて泣いていないかしら」と、わが子について、ありとあらゆることを想像し、心配し、不安になります。

その一方で、「こう育てれば大丈夫！」「○○式英才教育」といった子育て情報はごまんとあります。あふれ出る不安をあおるように、「こうするのがいいですよ」という情報がお母さんを取り巻いています。

ニコニコ母さんでいられるかが大事

講演会でもいつもお話ししていますが、子育てに正解はありません。「こうすれば絶対にこう育ちますよ」という解など、存在しないのです。

では何が大事なのかと言われれば、いつも結論はこうです。

「お母さんが、今日、心から笑えているか」

おやつを食べるわが子や、「ただいま！」と遊んで帰ってきたわが子を見て、「ああ、かわいい」と自然に思え、しみじみとした笑顔でいられるか、ということが、子育てでは大事だと私は考えます。

子どもはつねに、お母さんの表情を振り返っています。そのときに、お母さんからの「笑顔のまなざし」を確認して、前に進んでいるのです。

どんな子育て情報よりも、そして、どんなデータよりも大事なのは、「母の笑顔からにじみ出る愛情」なのです。

子育ては「2つの時期」に分けて考える

幼児期は「赤いハコ」、思春期は「青いハコ」

前項で、子育てで大事なのは、「お母さんが、今日、心から笑えているか」だと述べました。しかし、そうはいっても昨今は、お母さんがニコニコでいられない、さまざまな要因があります。

先述した、情報がありすぎるというのも、そのひとつですし、子育てを地域や親戚で担えなくなってきているということも、ひとつです。

花まる学習会では、保護者の方向けの講演会をずっと行っています。すべては子育ての応援になれるように、お母さんがニコニコ笑顔でいられるように、とい

赤いハコと青いハコ

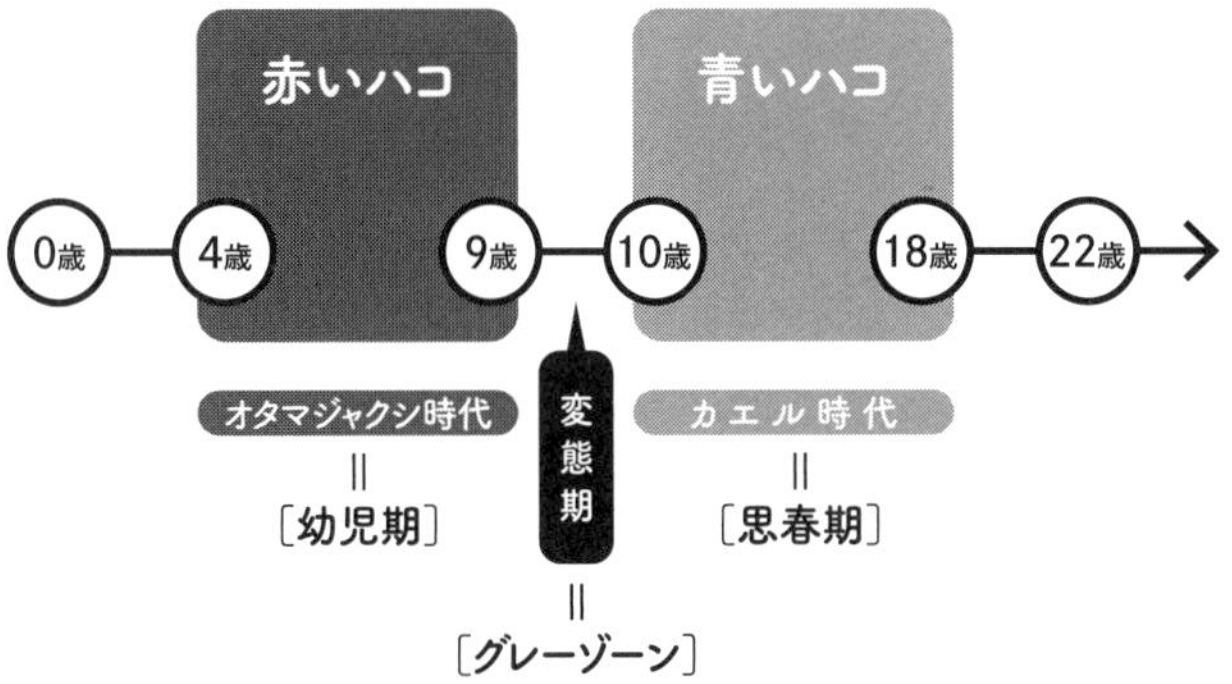

う思いからです。

そうした講演会でお話ししている、子育てにおいてもっとも大事な考え方が、「赤いハコと青いハコ、2つで子育てを分けて考える」ということです。

上の図をご覧ください。

まず、4～9歳までが「赤いハコ」(色に意味はありません)の時期です。この小学3年生くらいまでの時期を「オタマジャクシ時代」と呼んでいます。

そして、9～10歳は「グレーゾーン」。

それ以降、10～18歳までの「青いハコ」の時期は、いわゆる思春期で、「カエル時代」です。

ゴールは22歳以降、つまり、社会に出てから「自立して、メシを食えること」です。

ここに向けて、健全にわが子を育てていくために、大きく赤いハコと青いハコ、2つの段階がある、というわけです。

講演会では、「まずこのシンプルな2つのハコだけ頭に入れてくださいね」とお伝えしています。

この2つの段階で子育てをしっかりと切り替えることが、健全にわが子を育てるポイントなのです。

赤いハコ時代は、「理解しなきゃ」と頑張りすぎない

幼児期の子どもは「違う生き物」と思おう

まずは、「赤いハコ」の時期の子育てについて述べていきます。

はじめに知っておいていただきたいのは、赤いハコ時代の子どもというのは、われわれ大人とは「まったく別の生き物」ということです。

いくつか、幼児期の子どもの特徴を挙げてみましょう。

- やかましい
- 落ち着きがない

・振り返らない
・反省しない
・直観力にすぐれている
・大小、順番にこだわる
・視野が狭い
・恨みを持たない
・音声言語が優位である
・走りながら考える

どうでしょうか。これだけで、幼児がわれわれといかに違うかがおわかりいただけると思います。

事例を出しましょう。私が担当している教室でのエピソードです。
その教室は幼稚園をお借りしているところなのですが、ある日、小学2年生の男の子が嬉しそうに園庭を走って私のところまで来ました。すると「あれ？　カバンがない」。授業が楽しみで、カバンを持ってくるのを忘れてしまったのです。振り返ると、園門のところにはお母さんが仁王立ち。夕日に照らされたその顔は、遠目にも明らかにキレています。

急いでお母さんのもとに戻ったその子は、ペシコーン！　とお母さんにはたかれ、とぼとぼとまたこちらに向かって歩きはじめました。けれども、10歩進んだかどうかというところで、またニッコニコの笑顔になって走りはじめたのです。

これが、幼児期の子どもというものです。

「理解しよう」としなくていい

とくに男の子の場合、大人とはまったく違う特性を持った時期だということに加え、女姉妹で育ってきたようなお母さんからすれば、性別も違うわけですから、いわば二重に「理解できない」ことだらけだと思います。

けれどもじつは、この「理解しよう」としてしまうのが、子育ての落とし穴です。まじめなお母さんほど、「理解したい」「わかりたい」と考え込み、悩んでしまうことが多いのです。

でも、理解しようとしてはダメで、「ああ、違う生き物なんだな」と思って観察するぐらいのスタンスがいいのです。

カブトムシがツノをギシギシと動かしているのを見て、「どういう気持ちで動かしているのか理解しなきゃ！」と考える人はいませんよね。ゼリーをひっくり返しているカブトムシに「なんでそういうことするの！」と怒鳴り散らす人もいませんよね。

それと同じで、「へえ、そういう感じなんだ」くらいの気持ちで、大らかに接してあげることが一番なのです。

このテーマについては拙著『お母さんのための「男の子」の育て方』（実務教育出版）にくわしく記してありますので、ご参照ください。

幼児期の子育ては、親自身が成長する時期

ただ、そうは言っても、日常生活の中では、我慢ならないイライラが爆発することはたくさんあるでしょう。

「何度言ったらわかるの！」「どうして片付けられないの！」「言ったことがやれないの！」。そう怒鳴り散らしてしまった日には、子どもを寝かしつけながら「自分はダメ母だなあ……」と後悔しているお母さんもたくさんいると思います。

けれども大丈夫です。「つのつくうちは神の子」と言われるように、赤いハコ、つまり幼児期は、子どもの側が許してくれます。どんなに厳しく叱っても、次の日にはケロッと忘れて「ママー！」と抱きついてくる。

言い換えれば、この幼児期にどれだけ母親として、そして父親として成熟できるかが大事なのです。

青いハコ時代は、ノータッチを基本とすべし!

10歳で切り替える

次に「青いハコ」時代について見ていきましょう。

青いハコに入ったら、もう「違う生き物」ではありません。青いハコに入る年齢は大体9~10歳くらいですが、もちろん個人差があります。一般的には女の子のほうが早く青いハコに入ります。男の子では、遅い子は小学6年生くらいの子もいます。

「あっ、青いハコに入ったな」と思ったら、ハッキリとわが子への接し方を切り替えなければなりません。これが子育ての最重要関門です。

青いハコ時代の子育てには、具体的に次の３つのポイントがあります。

①「外の師匠」を探す

基本的に、青いハコ、つまり思春期の子どもは、親の言うことを聞かなくなります。けれども、家の外にいる人、たとえば野球チームのコーチだとか、ダンスの先生だとかには、とっても従順です。

この時期の子どもというのは、大人になろうとしているのです。けれども家の中には、すでに大人＝親がいます。これを乗り越えようとするのが、思春期です。親というのは自然、本能的に邪魔な存在ということになります。

ここで、親の側が接し方を切り替えられず、子ども扱いをするとバトルになります。何度も言いますが、大事なのは「切り替える」ことなのです。

ここでぜひ頼ってほしいのが、先の野球チームのコーチやダンスの先生といった、外の大人です。「外の師匠」と私は呼んでいます。

親の言うことを素直に聞かないのが、この時期の子どもの特性です。彼らが従順になる人を見つけて、あてがってあげるのが効果的なのです。ならば、「本当に反抗的で……」などと親が言っているのは、親の側が切り替えられていないということです。

早寝早起きとか、自分の食器は自分で洗うといった生活面の最低限のルールは徹底されるべきですが、学習面での叱咤激励は、外の師匠にやってもらうのが一番です。

そういう頼りになる人を探してあげるのが親の役目だ、と思ってください。

②「母と娘」関係のツボ

ご存知でしょうか。ひきこもりやニートの多くが、男性です。

働けない、社会に自分を適応させることのできない人に男性が多いのは、母親が「この子は私がいなきゃ何もできない」と思い込み、過剰に手をさしのべてきたからです。

もちろん、母親に悪気はまったくありません。失敗しようと思って子育てする人などいるはずがありません。よかれと信じてやってきたのです。

結果、やさしさはその子の中に育てられた。従順さは育てられた。しかし、厳しい世の中を渡っていくに足る、しなやかさや負けん気、こみ上げてくる主体性を身につけることができなかったのです。

くり返しますが、お母さんだけが原因ではありません。学校教育も、長い間、仲良しこよしの大切さしか説いてこなかった。それにも原因はあります。

もちろん、ベースは平和や共存の大切さを教えることにあるべきです。しかし、そこに重きを置きすぎたばかりに、「現実はそういうことばかりではないよね」ということや、「その中でどうやって生きていくか」ということについて、学校教育では教えてこなかったのです。


女の子はやがて、母親になります。そのときに「わが子が社会で通用するか」

という視点で子育てができるようになってほしいですよね。

そのために必要なのが、「いい母像をつくっておくこと」です。

あるお母さんと面談をしていたときのことです。悩みは深く、眉間には深い皺が刻まれています。話を聞くと誰にも頼れないようだったので「実のお母さんはどうですか？」と尋ねてみると、こうおっしゃいました。

「あんな人、母親だと思えません」

掘り下げてみると、こういうことでした。小学5年生のある日のこと、お母さんの夕飯づくりのお手伝いをしようとしたそうです。そのとき、一言、お母さんから「あんたなんか、あっちいってて！」と言われたのだそうです。

ある日のたった一言なのですが、子どもの側はすでに大人と対等な関係をのぞんでいたのです。そこから一気に母親への信頼は失われ、以来、反目がつづいているといいます。親の側が、青いハコのわが子への接し方を切り替えられなかった、まさに典型です。

このケースから、もうひとつ言えるのは、青いハコの時期の「言葉の怖さ」です。たった一言が、その子の一生に暗い影を落としかねません。好きな子にフラれたとき、成績が伸びないとき、仕事でうまくいかないとき、「どうせ私は／オレはダメなんだ」という思考に陥ってしまう人は、いい母像を持てなかったことが根源にある場合が多いと感じています。

母と娘の関係についていえば、青いハコに入った時点で、「わが子」ではなく「新人ＯＬが入ってきた」という気持ちに切り替えるつもりでいてください。新人には、人生の先輩として必要なことを教えなければなりませんよね。そこでは当然、先を行く先輩としての本音も話してあげる必要があります。

青いハコの女の子が知りたいことは何か。

それは「お母さん、いま、幸せ？」「心から笑えてる？」ということです。

多くの娘にとって人生の一番身近なモデルがお母さんです。その人に、本音を教えてもらえたらどれほど嬉しく、共感できることでしょう。聞きたいのは、正論ではなく、本音なのです。

成功しかしてこなかったという人なんていないでしょう。自分の人生の汚点、後悔していることだって、きちんとさらけ出してあげてください。

そういう関係になれた母娘は、その後も順調に関係を築いていけます。そしてこの「よい母像」こそが、未来の「骨太なお母さん」のモデルとなるのです。

③息子は父親に任せる

では、思春期の息子の子育てはどうすればいいのでしょうか。

まずいっておきますが、お母さんは、息子には絶対に自分の恋愛遍歴など話さないでください。

男の子にとって、お母さんというのは「女神」です。何歳になっても、大人になっても、お母さんに喜んでほしくて、すべてのことを頑張っているといってもいいくらいです。「お母さんは僕のためにいるんだ」という、いわば信仰のようなものを礎《いしずえ》に生きているものなのです。

花まる学習会では、野外体験企画として「サマースクール」を毎年開催しています。親元を離れ、自然豊かな場所で、初めて出会った子たちと2泊3日を共にします。

そこで男の子は、草原や川の生き物に夢中になります。大きなバッタを捕まえたり、動きの早い小魚を捕まえたりしようものならヒーローです。そんな男の子たちは、目を輝かせながらこう言うのです。「お母さんに見せてあげるんだ!」。

これが、赤いハコの時期の男の子です。

ところが、そんなかわいい時期を経て、青いハコ、つまり、思春期になると男の子も変わります。母親を「ウザイ」「あの人」呼ばわり。挙句「ババア」と言われ、お母さんは「あんなにかわいかったのに……」と傷心です。

でも安心してください。大好きなのは変わりません。反抗的な態度が反射的に出てしまうだけという時期なのです。さみしいでしょうが、社会に出ていくための通過儀礼だと思って少し我慢です。

思春期の男の子は、先述した「外の師匠」に加えて、父親が担当するのが最適です。

たとえば、ユダヤ人は、思春期になったら母親は息子に関わらず（生活面での最低限の基準は示しますが）、父親が教育するそうです。

娘とは違い、息子に本音を話すのは父親の役目です。

働いているお父さんから、「クレームばっかり言ってくる客がいてさ……。まあ、こうやって対処したんだけど」とか「先週は大変だったけど、チームで乗り切れてよかったよ」といった話を聞く。そこから息子は、「仕事って甘くないんだな」「そんな中でも家族のために、お父さんもお母さんも頑張ってるんだな」と思う。

お父さんの本音の話から、世間というものをうっすらと感じ取り、そこをたくましく生き抜いている大人のリアルな姿を目に焼き付けるのです。

わが子の10年後、20年後を見ていますか？

社会に出られず、ひきこもってしまう若者たち

さて、本書のテーマは「逆境」です。

当然のことですが、親元を離れ、社会に出てからの人生はよいことばかりではありません。

もうこれ以上のどん底はないと思えるようなこと、自分だけが見放されてしまったのではないかと感じること、一生かかってつき合わなければならないような課題にぶち当たること……など、ありとあらゆる困難がつきものです。

そうした逆境に次々とぶち当たるのが、私たちの人生です。

その中で光り輝くような出会い、喜び、幸せがあるからこそ、生きている面白さがあります。

けれども、悲しいことに、親元を巣立つことができず、社会に出られない人たちもいます。そういうひきこもりが量産されているのが、この国の現状です。

ある青年の事例をお話ししたいと思います。26歳。長男。ひきこもり。妹がいます。妹のことをずっと妬み、「なんで妹ばっかり」という愚痴を栄養に生きてきたようなものでした。不登校気味になりはじめたとき、学校の先生は「様子を見ましょう」という気休めだけ。放置され、事態は進行し、お母さんが相談に来たときには時すでに遅し。朝晩逆転、ゲーム漬けの生活になっていました。

一度こういうひきこもりの状態になってしまうと、元に戻すのはかなり難しいのが現実です。方法がまったくないとはいえませんが、それを可能にしてくれる、本当に奇特な人、あるいは厳しくも本質をついた愛情を与えてくれるような場に出会える確率は、きわめて低いのです。

とくに、朝晩逆転の生活は、その人の人生を台なしにしかねません。

結局この長男は、職についたはいいものの、ある日突然、仕事に行かなくなり、会社とは音信不通。そのくり返しで、いまだ社会人として成立できずにいます。

ほんの些細な「甘やかし」がすべてのはじまり

このケースを、みなさんは「極端な事例」だと感じたでしょうか。

けれども、考えてみてください。この子のお母さん・お父さんは、幸せに結婚式を挙げ、わが子を授かったとき、果たして自分たちの子育てがこうなると予想していたでしょうか。

そんなはずはありません。「わが子に幸せになってほしい」と、すべての親が願いを込めて育ててきたはずなのです。それなのに、なぜ。

こういうひきこもりには、必ずポイントになる行動があります。まずは先ほど言ったように、朝晩逆転の生活です。

これは悲しいかな、親に原因があります。「日曜くらい寝坊してもいいよ」「夏休みくらい寝坊してもいいよ」というカードを、一度与えてしまったのです。

みなさんのご家庭はどうでしょうか。

子どもの早寝早起きに「例外」は不要です。社会に出たらどんなにいやなことがあっても、身体を起こして、電車に乗って、出勤しなければならないのです。子ども時代に「〜くらいいいよ」「仕方ないわねぇ」「今日だけよ」という許可を与えられたら、それが当たり前になってしまいます。

ポイントになる行動のもうひとつが、ゲームです。

言い切りますが、大人のパチンコと同じで、これほど子どもにとって「楽しいけどムダ」なものはありません。「1日30分ね」のはじまりが1時間、2時間となり……、結果、どれほどのひきこもりを生み出しているか。

書き出すと長くなるのですが、子どもに対して一様に「ゲームをやらせてよし」という風潮が、現実に何をもたらしているのか、大人は直視すべきです。

「今日は仕方ないわね、寝坊していいよ」「ゲームは1日30分までね」

些細なことだと思われるかもしれません。けれどもそういう「些細な許し」の積み重ねが、わが子の10年後を少しずつ決めてしまっているとしたら、どうでしょうか。いまからどういう心構えでいるべきか、親は考える必要があるのは明らかでしょう。


ちなみに、この青年が最後まで自立できなかった理由の根っこにあるのは、お母さんが誰にも相談できず、わが子の状況を放置してしまったということです。「この子は私が何とかしなきゃ」という過保護精神が過ぎて、人に頼れなかったのです。

家庭としての文化・規範がゆるんだこと、そしてそこからの退廃を止める手立てを長い間講じることができなかったこと。そのことが、この悲しい青年を生み出してしまったのです。

見据えるべきは、社会の荒波を生き抜く力をつけること

「一人前」としてカウントされない大人たち

前項で、ひきこもりの若者について述べました。では、社会人として就職できれば、それで大丈夫なのでしょうか。

本書を読んでいるお母さん・お父さんを悲しませるつもりはまったくありませんが、ひきこもりとまでいかなくとも、社会で「成立しているように見えて、まったく成立していない人」というのはたくさんいます。

いくつか例を挙げましょう。

・自分が正しいと思うことを曲げられず、謝れない人
・上司に叱られたり、いやなことがあったりすると次の日に出社できない人
・自分の仕事がまるで終わっていないのに「代休とっていいですか?」と悪気なく聞いてくる人
・始業時間が決まっているのに、いつも遅刻してくる人

こういう人たちでも、給料はもらえています。けれども、まったく人としての信頼が持てないのがおわかりでしょう。

頼りにならない。したがって、大事な仕事など任せられない。組織としての頭数に入れられない。

知り合いで人事部長をしている人に聞くと、いま、会社はこういう人に、頭を抱えているのだそうです。

こうした人たちのことを、端的に表現するならば、生きていく覚悟がないとい

うことです。

人一倍汗をかいて働いて、それでようやく認められるのが社会というものです。そこでできたポジションで息を抜かず頑張って、自分の居場所を築いていき、世間での価値を上げていくのが、生きていくということです。

つらい状況であろうが、行きたくなかろうが、「行くっきゃない!」「えいやっ!」と動き出すしかないのです。

けれども、それができない。

「やっぱダメかも……」という気持ちに身体が負けてしまう。あとひと踏ん張りすればいいのにできない。今日やればいいことに直面できない。ほかの人への迷惑より、自分がいまのつらさから逃避することを選ぶ。

わからない人には、決してわからない感覚でしょう。けれども、現実に、こういう大人が山ほどいるのです。彼らは、つらい、いやだという、言ってみれば「逆境」を、踏ん張って乗り越えるたくましさ、強さを持ち合わせていないのです。

親が全体観を持っておくことの大切さ

子育てのゴールは、「22歳以降、社会でしっかり成立するか」ということにあります。それは決して、「○○大学を出たから」といった学歴や、試験の偏差値ではかれるものではありません。入試はノウハウで通過できますが、仕事の場は総合力です。そして人づき合いも含めたその人の総合的な魅力が社会人として、家庭人として幸せに生きていけるか、ということにもつながるはずです。

単に経済的な自立では足りません。ひとりの人間として、人との間で生き、多少の困難にぶつかってもあきらめない、社会的自立・精神的自立も求められるといえます。

けれども、現状は、先述したような覇気のない、逆境を乗り越えることなど到底難しいだろう若者が、多く育っています。

厳しいことを言うと思われるかもしれません。でも私はあえて、この本を読んでくださっている親のみなさんに問いかけたいと思います。

本当にわが子が、こうならないと、断言できるでしょうか。

「うちの子は大丈夫」と信じたくなる気持ちはよくわかります。でも、その楽観論にだけすがって子育てをするのは危険です。そうならないでほしいという願いを本書にこめています。


そして、甘くない世間を生きていくに足る力をつけるには、幼児期、そして思春期の「逆境」への接し方が土台となるのです。

第2章では、逆境へ向き合えない人の考え方、そして第3章からは、赤いハコ・青いハコそれぞれの逆境への、親としての接し方をお伝えしていきます。

第2章

世の中は「捉え方」で決まってくる

しんどい状況で、へこたれる人と、そうでない人がいるのはなぜ？

つらいことから逃げるか、挑戦するか

前章でも述べましたが、この本のテーマは「逆境」です。本書のタイトルの「へこたれない子」とは、「逆境にぶち当たっても、それを乗り越えられる子」のことです。

そもそも「逆境」とは平たくいえば、「いやだな」「つらいな」「しんどいな」と思う場面のことです。ストレスを感じる場面だともいえるでしょう。

こういう状況に置かれたときにとる反応というのは、人によってじつにさまざまです。

「もういやだ！　自分のせいじゃないし」と、現実を直視せず顔をそむける人。

「面倒くさいけど、なんとか乗り切ろう……」と思って対応する人。

「よし、やってやろう！」と前向きに挑戦する人。

では、同じ状況なのに、人によってこんなにも行動が違うのは、なぜなのでしょう。それは、「逆境に対応する力」がそれぞれ異なるからです。

逆境指数（ＡＱ）とは？

近年注目されている、人間の能力を測る指標に「ＡＱ」があります。これは、「Adversity（逆境）」「Quotient（指数）」の頭文字をとったもので「逆境指数」と訳されています。

ハーバードビジネススクールの客員教授、ポール・Ｇ・ストルツ博士によって考案された考え方で、「日常のさまざまな逆境に対して、人や組織はどのように反応するのか」を指数化したものです。

人間の能力を測る指標としては、「ＩＱ」「ＥＱ」が知られています。ＩＱはいわゆる「知能指数」、ＥＱは「総合的な社会的知性」（心内知性・対人関係知性・状況判断知性）と呼ばれる指標です。

いろいろな批判はありながらも、就学時検診や各種入試、企業採用試験等で、頭のよさを測るものとして、これらの要素が活用されてきました。

ただ、それだけでは社会で生きていく人間の全体像を捉えられないだろうと、１９９０年代には、「愛想のよさ」「面倒見のよさ」「人間味」といったものにも焦点があてられるようになりました。

その中で登場したのが「ＡＱ（逆境指数）」という考え方です。

ＡＱ（逆境指数）の考え方では、人の逆境に対する反応は、次の４つの要素が組み合わさって決まるとしています。

コントロール（Control）

自分が逆境に対してどの程度コントロールできると認識しているかの度合。

責任（Ownership）

成功を「自分の成し遂げたこと」と見なし、一方、逆境を基本的に「外部の要因から生じたもの」と見なす度合。

影響の範囲（Reach）

逆境を、どの程度限定的なものと捉えるかの度合。つまり、逆境が及ぼす影響の範囲をどの程度だと認識しているか。

持続時間（Endurance）

成功や逆境を、どの程度持続するものと見なすかの程度。

さらに、ＡＱにおいては、人の逆境に対応するレベルを、次の１～５まで分けられるとしています。

【レベル１】エスケープ（Escape）——試練に直面すると逃避する

【レベル２】サバイブ（Survive）——なんとか生存する

【レベル3】コープ（Cope）——ただ単に対処する
【レベル4】マネージ（Manage）——逆境を管理し、解決しようとする
【レベル5】ハーネス（Harness）——逆境を栄養源にさらなる成長をする

ご覧の通り、数字が大きいほど、さまざまな逆境への対応能力が高いといえます。つまり、ＡＱが高い。そして、逆境への対応能力が高い人ほど、次のように考えるといわれています。

「逆境はコントロールできるものだ」
「成功は自分が成し遂げたことで、逆境は外部の要因から生じたものだ」
「逆境は特殊で、限定的なものだ」
「成功はある程度持続し、逆境は一時的なものだ」

右のレベル分けでレベル５に分類される人たちは、逆境をむしろ栄養だと捉え、

楽しむことのできる人だといえるでしょう。

逆境を乗り越える力は、誰もが持っている

人は誰しも、日々の生活の中で逆境に直面しています。

会社員ならば、上司とのそりが合わない、営業成績が出ない、部下を理解できない、将来のキャリアが見えてこない、ノルマが達成できない、残業ばかりで帰れない、新しい企画を部署メンバーが渋っている……など。

子育て中のお母さんならば、わが子がご飯を食べない、泣きやまない、勉強が理解できていない、上の子がダラダラしていていくら声をかけても支度が早くならない、夕飯の支度が間に合わない、自分の時間がとれない、帰って来た夫は話を聞いてくれない……など。

じつはほとんどの人が、逆境が重なったときには、逃げ出そうとしたり、その

状態で動かないままでいようとしたりする傾向があるそうです。

「誰もわかってくれない。もうやめたいな」と顔をそむけてしまったり、「ああ、今日もうまくいかなかった……」「いつまでつづくんだろう」と気が遠くなって、いやな気持ちのまま眠りについたり。

自分から状況を打破しようと行動に起こせる人ばかりではないのが現状のようです。

とはいえ、地震や洪水など、思ってもみなかった大災害のときにはうつ病が減ったりするなど、人は生命がかかった危機的な場面では、逆境をものともせず乗り越えますよね。「火事場の馬鹿力」という言葉もあるくらいです。

つまり、逆境を乗り越える力は、本来、誰にも備わっていると言えますが、これを普段から発揮し切れている人ばかりではないということでしょう。

逆境の最たるものは、「人間関係」である

社会で生き抜くには、人間関係への対応力が必須

先述したように、私たちにとっての「逆境」の多くは、日常生活にあるといえます。

その最たるものが「人間関係」ではないでしょうか。「部下がやる気を出さない」にしても、「姑が子どもに買い与えをやめてくれない」にしても、「企画書が一向に通らない」にしても、「夫が話を聞かない」にしても、そのどれもが「誰か」との関係に起因するものです。

わが子、夫、妻、親戚、同僚、友人……と、ありとあらゆる逆境のほとんどが、

他者とのつき合いの中で生まれるのではないかと思います。

親や学校から保護してもらえる期間を終えて社会に出れば、多種多様な年齢、境遇の人たちに出会います。その中で生きていくということは、まさに「人間関係への対応力が問われている」ということなのです。


人生を楽しめる人とは、人間関係への対応力にすぐれている人だと思います。時にわずらわしいこともあるのが人間関係ですが、同時に、人生の宝物というのは、よき友であり、よき師匠であり、幸せな家族関係です。

「ここは自分の居場所じゃない」「いやな人ばっかり」など、愚痴ばかりこぼしている人は、どこに行ったって愚痴を言っています。これは真理です。「いまここ」で「目の前の相手」とどう関係を築くかに心を砕ける人、目の前の人を幸せにしようと思える人こそが、本当に「頭のいい」人であり、逆境への対応力の高い人だと思います。

一流の人たちが必ず持つ、この共通点

結局のところ、物事というのはいろいろな側面があり、それは私たち自身がどう捉えるかによって、「つらいこと」にもなれば、「自分を高めてくれるチャンス」にもなり得ます。

私は仕事柄、ありがたいことに一流の方たちと接する機会がたくさんありますが、そういう人たちに必ず共通しているのは「どんな状況でも必ず、自分から楽しんでしまう」ということです。「楽観的」と言えばそれまでですが、それは誰もが持っている能力では決してありません。

こういう人たちこそが、前項のＡＱ（逆境指数）でいえば、「レベル５」に当たるのでしょう。人間関係においても「どうやったら、目の前の人ともっと楽しめるかな」ということにいつも集中しているのです。

これは人生を切り開くキーワードだと思います。

へこたれないとは、心が頑強なだけではない

テニス・錦織選手の強さの秘密

「昨今、もっとも成長著しいスポーツ選手は？」と尋ねられたら、テニスの錦織圭選手が思い浮かぶ人も多いのではないでしょうか。

２０１４年の全米オープンで準優勝し、一気に世界ランクを上げました。そして、この年、アジア人として初めて、世界のトップ８の選手が戦うＡＴＰワールドツアー・ファイナルに出場したことでも注目を浴びました。

14年の全米オープン終了後に錦織選手に対して行われていたインタビューの中

でのことです。やや劣勢になりかけた局面があったものの、見事に勝利した試合についてインタビュアーがふれた際、彼はこう言っていました。

「逆境になるということを想定していました」

これを聞いて、私は錦織選手の強さの秘密を思い知った気がしました。最悪の事態を想定して、それを乗り越え、自分自身の力に変えていく術を持ち合わせていたというわけです。

この発言からもわかるように、自分にとって不利な形勢を逆転できる強さを持っていれば、向かうところ敵なしと言えるでしょう。


錦織選手と、現在のコーチであるマイケル・チャンさんの対談（チャンさんがコーチになる以前に行われたもの）でのことです。

錦織選手から、「背が低いので、サーブの改善がテーマなんです」という発言が出ました。それに対しての、チャンさんの言葉はこうでした。

「高い打点からのサーブが打てないのは自覚しなければならない。ただ、背が低いことで有利なのはすばやく動け、より広い範囲をカバーできることです。ストローク戦でスピードを活かしていけば、大きなアドバンテージになります」

一見、不利な条件でも、使い方次第、捉え方次第でどうとでもなるということをチャンさんはアドバイスしているわけです。

頑強さと「しなやかさ」を合わせ持つ強さ

ふたりが師弟関係になってから、錦織選手は明らかに実力を増しました。精神面においても、大きく成長したのではないでしょうか。そのことは、たとえば、次のような発言からも感じます。

「以前は、格上の選手とやるときは構えてしまったり、勝ちを信じる気持ちと疑う気持ちがフィフティ・フィフティというか……、100％勝ちに行くという思いがなかなかつくれなかったりしたが、それがいまはまったくない」

技術の細かな部分での向上に加え、実力を余すところなく発揮できるような

「ものの考え方」を身につけていったのではないでしょうか。

テニスというスポーツは、一対一で行うものですし、ポイントがテンポよく決まっていきます。その中で試されるのは、局面を読み取る知性に加え、どんなときでも自分の心理状態をコントロールできるかどうかということです。

単に心が頑強であるだけでなく、ゆらぎつづける試合の「流れ」を掌握できる「心のしなやかさ」が、錦織選手の成長のカギなのかもしれません。

「逃避グセ」がある人に共通することとは?

ナマの人間関係から逃避してしまう人たち

他者＝「誰か」との関係を築くと、幸せなこともあれば、時にもめること、つらいことにぶち当たることもあります。いいことも、悪いことも、どちらもあるのが当たり前です。

けれども、こうした人間関係を築くことそのものを避けてしまっている人たちがいます。

内閣府が2010年に調査した結果では、いわゆる「ひきこもり」は約70万人。予備軍は約155万人。私は実際には、300万人くらいになるのではないかと考えています。

私も多くのひきこもりの人たちと接してきました。就職活動に落ちて自信をなくしたり、人間関係で疲れてしまったり、職場の厳しさについていけなかったり……。ひきこもった理由はさまざまあると思いますが、一度ひきこもってしまうと、社会にふたたび出てくるのがなかなか難しいのです。

ひきこもりの人たちには、誰かが家に来たり、逆に誰かに会いに行ったりするということが、とても高いハードルになっています。「お願い。もう来ないでください」という心境なのではないでしょうか。

先ほど、日々の逆境の最たるものは人間関係だと書きました。ですから、人との関わりを絶つということは、逆境を経験すること自体から逃避してしまっているということです。

○ 愚痴も結局は、現実から逃避しているだけ

ひきこもりだけではありません。一見、日常生活を支障なく送っているように見える人たちの中にだって、逃避しかけている人、逃避グセのついてしまった人がいます。

日々「愚痴しか言ってないんじゃないか」と思う人が、あなたのまわりにいませんか？　たとえば、「なんであの人は、何回も言ったのにわかんないかな」とか、「○○さんのああいうところ、本当にイヤ！」など、本人の前で言えばいいのに、近くの聞いてくれる人にだけねちねち言っているタイプの人。

なぜ、直接言わないかというと、言ったことで起こる事態や、その場の空気感に直面することになるのがいやなのです。「そういうことになるくらいなら、愚痴っていればいいいや」という感覚でしょう。

けれども、言い放ったその瞬間はスッキリするのかもしれませんが、事態は何

ら改善しません。まわりの人も豊かな気持ちにはならないし、その言葉で動かされることもありません。愚痴では世界は変わらないのです。

生きづらいのは、「自分」にこだわりすぎるから？

ほかにも、まわりにこういう発言をする人はいませんか？

「なんで私ばっかり」

「○○に引き継いだから、もう私の仕事じゃないんだけど」

「あの人とは合わないんだよね」

「それって、仕事の手間が増えるってことでしょ？」

すべて「できない理由」「やらない理由」で埋め尽くそうとします。「できるようにするにはどうすればいいか」という発想がないのです。

これは、何も生み出さない、非生産的な考え方です。

こういう考え方が染み付いてしまっている人たちには、共通点があります。

「自分はこう」という思いやこだわりが強く、その枠組みから外れたものには「×」をつけ、切り捨ててしまうのです。

「（自分にとっては）こうじゃなきゃいけないのに、なんで相手はこうしてくれないんだ」「（自分は）こんなに頑張ったのに、なんで思うような結果にならないんだ」という具合です。

自分が勝手につくっている壁の存在に気づいていない人はこう考えます。

ちなみに、ひきこもってしまう人は、自分が壁の外の世界では生きていけないことを感じ取っているから、壁をひたすら高くし、そこに安住しているということになります。

◯自分の中に籠もっても、事態は改善しない

「自分」と「それ以外」を強く分けてしまいすぎると「何も思い通りになっていない」という無力感が強くなります。

養老孟司さんが『「自分」の壁』（新潮新書）で書いていましたが、自分と他者がつながっているという感覚が希薄なのだと思います。そうなると無力感が、愚痴、ひいては怒りや攻撃に変わってしまう人もいるのではないでしょうか。

入社早々「この会社は〜〜」と上から批評し、自分の待遇を主張する人、ちょっとしたトラブルでも糾弾に近いクレームを言う人、ネット上で匿名で罵詈雑言《ばりぞうごん》を並べ立てる人、特定の人たちに向けてヘイトスピーチをする人。

こうした行為に駆り立てるものの根っこは、みな同じなのでしょう。

彼らは、「目の前の人が幸せなら、自分も幸せ」「自分とまわりは、つながっている」となかなか思えない。それが彼ら自身の中に根深い閉塞感をつくり出しているように思えてなりません。

「あそぶ力」のある人は、困難からの立ち直りも早い

人にはそれぞれ「こだわり」がある

「こだわり」や「愛着」というのは、人を動かす大きな力です。

たとえば、恋愛で、寝ても覚めても相手のことしか考えられないという状態は、まさにこの「こだわり」や「愛着」がなせるわざです。また、親が子を思う気持ちは、その盤石さにおいて、もっとも強いものといえます

それらほどでなくとも、理屈以上に、じつに多くの「こだわり」や「愛着」で、私たちは日々の行動の一つひとつを決めています。

「これほしい！」も、「これはいやだ！」も、「ちょっと、これ私のなんだけ

ど！」も、すべて「こだわり」です。ファンであること、怒り、感動の涙、こみあげる愛しさ、家族、ふるさと、祖国、テロ、戦争……なども、「こだわり」のなせるさまざまな側面です。

国にも地方にも個人にも、それぞれに異なる「文化」であり、煎じ詰めれば「こだわり」です。だから、それぞれの「常識」は「真実」ではありません。

そして、そのこだわりを踏みにじられると、人は激怒するのです。

たとえば、「あいさつがないってどういうことだ！」と怒る人にとって、「あいさつをする」が「こだわり」なのです。

「あの人、常識がないよね～」という言葉は、もっとも冷酷な攻撃であったりします。

宗教間の対立がいったん起こると収拾がつかなくなるのは、最強のこだわりの対立だからこそでしょう。

つらいときこそ、自分の「こだわり」を手放してみる

こうした「こだわり」が、それぞれの人生に素晴らしい彩りを加えることは間違いありません。

しかし、強い愛は、強い憎しみに反転することもあります。なので、ひとたび、自らの中にある「こだわりの運用」を誤ってしまうと、それは苦しみの源になりかねません。

だからこそ、自分の中の「こだわり」をうまく運用していくことは、幸せに生きるための大切な課題なのかもしれません。

そのひとつの方法として、何かの問題にぶち当たったときは、「こだわり」の縛りをスッと解き、自分を俯瞰し、発想を変えてみることです。

私はこの、俯瞰して切り替える能力を「あそぶ力」と名づけています。こうし

た能力は、現代のさまざまな場面で必要なのではないかと考えています。車のハンドルに「あそび（ゆとり）」があるように、怒りや憎しみなどの負の感情にとらわれたときに、一歩引いて客観的に捉えられることが大事だと思うのです。自分の感情に過度にとらわれることなく、状況に応じて「あそぶ力」を発揮できる人は、人間関係の築き方が上手です。

一方、必要以上にまわりに対して壁を築いてしまう人は、「あそぶ力」をうまく使いこなせない。自分の中の「こだわり」から離れられないのです。

他者と親密な関係が築きづらい時代

とはいえ、時代的な状況が、しなやかに人間関係を築いていくという経験をしにくくしているのは否めません。

家族という単位自体がこわれかけている時代です。核家族化が進み、それにともなって地域社会のつながりは希薄になりました。そのことがさらに、家族の解体ともいうべき事態に拍車をかけています。

「なんで家族でいるのか、意味がわからない」「家族は要らない」といった声を聞いたこともあります。

人間には、直接会うからこそ、互いの関係を認めてきた、という歴史があります。けれども、メール、FacebookやＬＩＮＥといったＳＮＳがあれば、直接会わずに、いつでも簡単にやりとりできます。

現代は、「会う」という行為がなくてもコミュニケーションが成立するようになってきているのです。

そんな中で、そもそも人間関係の築き方がわからなくなっている人も出てきているのかもしれません。

家族の存在意義すら感じられないとなると、親密な関係を他者と結ぶのは、とても難しいことなのではないかと思います。

逆境経験がないと逆境への対応力は磨かれない

困難への対応力は、困難に対応する中で身につく

それにしてもなぜ、逆境に弱く、人間関係から逃避してしまう人が育ってしまったのでしょうか。無力感を味わうことを極端に嫌い、まわりに対して自分の壁を高くつくり上げる人が増えてしまっているのでしょうか。

その背景を一言でいえば、

「逆境にぶつかった経験が少ないか、それを乗り越えてきた経験が不足しているから」

だと思います。

このことは、ワクチンをイメージしていただけると、わかりやすいのではないかと思います。ワクチンというのは、じつは「弱めた病原菌」などからつくった予防薬です。菌をあえて体内に取り込むことで、感染症の抗体を身体の中でつくり、免疫を築きあげていくのです。

逆境への対応力というのもこれと同じで、逆境を経験しないことには、それに適度に、いい加減に対処する能力は身につかないのです。

つまり、いやなこと、つらいことにぶつかり、それを「乗り越えられた！」というくり返しで、逆境を乗り越える力はついていくのです。

たとえば、「社内会議でまったく賛成が得られなかった。失敗だ」ではなく、「社内ではあまり賛同を得られなかったけど、問題提起をしたことには意味があった。次はこういう伝え方でやってみよう」と思えるか。

「Aさんはまったく動いてくれない。もういやだ」ではなく、「Aさんに言っても何も事態が変わらない。ならば、こういう根回しで話を進めてみよう」と切り替えられるか。

社会人になり、組織で働くようになれば、こうした場面はよくあることだと思います。これは子育ても同じで、自分とまったく違う幼児が相手ですから、仕事以上に、思い通りになりませんよね。

じつは、こういうときの対応力というのは、これまでに、どれだけの逆境にぶつかり、それらを乗り越えてきたかという経験量によって決まってくるといえるのです。

ミニ社会でつらさを乗り越えたK君

ここで、ひとつの例を紹介しましょう。

小学3年生のK君は、ほかの子と関わるのがあまり得意ではなく、思い通りにいかないとマイナス発言をしてしまったり、「もういい」と心を閉じてしまったりという傾向がありました。また、直感したことをそのまま発言しがちなこともあり、お母さんは「ほかの子からは、はじかれてしまうのではないか」と心配されていました。

このK君が、花まる学習会が毎年行っている野外体験企画のひとつ、サマースクールに参加することになりました。

出発当日、少し遅れてきたこともあり、K君はなんだか不機嫌そうです。バス乗り場まで荷物を運ぶときにも「重いんだよな～」とブツブツ……。それでも、サマースクールははじまります。

リーダーのRさんは、K君に「サブリーダー」になってもらうことを決めました。K君は班の中で最高学年。みんなをまとめる役割になることで、何か感じるものがあるに違いない、と思ってのことでした。

すると、K君は、彼を普段から知っている大人も驚くほど、サブリーダーとして班をまとめてくれました。

子どもが社会的な自信をつけるためには、大人ではなく、同じ子どもたちから認められる必要があります。では、彼は何で、班の子たちから尊敬を集めたかというと、得意の「虫とり」でした。つかまえるのが難しいトンボを、K君は何匹も素手で捕まえることができたのです。

「おお～!　すげ～!!」

歓声の真ん中にいるK君は、誇らしい気持ちでいっぱいのはずですが、「サブリーダーだから当たり前だよ」と平常心をよそおい、何ともいえない表情で立っていました。

さらにK君は、2日目の夕方には、なんとクワガタを捕まえました。

班の子どもたちは、宿の部屋にクワガタを入れた虫かごを置き、みんなでそれを囲んでは、宝物のように眺めていました。

それを見ながら、リーダーのRさんは、「やっぱりK君にサブリーダーを任せてよかったな」と感じていました。

ところが、その日の夕食後、事件が起こりました。

子どもたちが部屋に戻ってみると、クワガタがいません。フタを開けて、どこかへ逃げてしまったのです。隣の部屋にいる班の子たちに聞いても、手がかりはありません。みんながっかり。K君は「また捕まえるからいいよ！」と陽気に言いましたが、気落ちしているのはよくわかりました。

つらい試練をひとりでグッと乗り越える

次の日の朝。

隣の部屋の班の子たちが、「話したいことがある」と、神妙な表情で部屋に入ってきました。

話を聞いてみると、ついさっき、クワガタを1匹見つけたけど、よく考えたら、これは昨日K君が見つけたクワガタかもしれない、というのです。

ただ、彼らとしては、見つけたからには自分たちが持って帰りたいとのこと。

「なので、リーダーのところに相談しに来た」とのことでした。

そこで、みんなで話し合い、「ここはK君と、朝にクワガタを見つけた男の子との間で決めよう」ということになりました。

ただ、K君は、これまで誰かとふたりで話し合って何かを決めるといった経験がほとんどないため、緊張した様子でした。それでも、最後は意を決したように、この方法に賛成しました。

リーダーのRさんは、ふたりだけを部屋に残して、外で待つことに。


しばらく経って隣の部屋の、クワガタを見つけた男の子が出てきて「ジャンケンをして、ぼくが勝った」ということを伝えてきました。

Rさんが部屋に入ってみると、K君の姿はそこにはありません。もしかしてと、部屋の左奥にあるバス・トイレのところへ行ってみました。すると、そこにK君がいました。

K君は、Rさんに背を向け体育座りで床に座っていましたが、Rさんが

「K?」と声をかけるとすぐに振り向いて、「うん」と答えました。

じつは、K君のこの反応は、Rさんにとって驚きでした。なぜなら、K君の普段の教室での様子を聞いた限りでは、こうした自分の思い通りにならない事態になると、泣いたり、むくれたりしがちだったからです。

Rさんは、クワガタの話はせずに、「さあ、みんな待ってるよ。行こう」と声をかけます。

K君は立ち上がり、Rさんと並んで歩きはじめました。が、ちらりと横目で見ると、その目には少し涙が光っています。

そんなRさんの視線を感じてかはわかりませんが、K君はこう言いました。

「クワガタはね、もういいの。スッキリした」

そのときのK君の笑顔は、嬉しそうで、それでいて悲しそうで、なんともキラキラしたものだったそうです。いまもRさんの心にしっかりと刻み込まれています。

10年後を見据えた子育てをしていますか？

甘え下手で、人とかかわるのが苦手で、すぐに心を閉じてしまう。

普段のK君はこんな子かもしれません。でも、このサマースクールでは、多くの下級生の子たちを彼なりに束ね、初対面の子とふたりきりで話し合って結論を出し、さらには、ほかの人に涙を見せまいと配慮したのです。

親元を離れ、見えないところで、ひと回りもふた回りも大きくなったK君。これは、彼にしか味わえない、彼だけの「成長」だったと思います。

子どもが集まって身体をひっつけ合って遊んでいれば、ちょっとしたいざこざやケンカはつきものです。そして、放っておけばミニ社会ができるのが人間です。その中で、もめごとを経験し、「これ以上やっちゃダメだな」とか、「ああ言っちゃったのは、よくなかったな……」などと感じ、考える。それをくり返すことで、子どもたちは対人作法を身につけていくのです。

K君も、この次に同じような状況になったときには、間違いなく前より上手に感情をコントロールし、前よりもうまく対応していけることでしょう。

逆にいえば、そういう「ナマの人間関係」を経験してこなかった子にとっては、長じて出てみた社会というのは「自分の思い通りになってくれない、ただただつらい場所」でしかありません。

「ケンカはダメ」「いじめられたら、すぐに言いなさい」など、親からすれば「わが子がかわいそうな思いをしないように」と思ってやってきたことが、「その子の人生にとってはどうなのか?」という本質に照らし合わせてみると、決定的な欠落になってしまうのです。

もちろん、「つらいこと」をひたすらやらせればいいというわけではありません。ただ、「10年後のこの子にとって、いま、どういう経験が必要なのか」と考えたときに、一定の、逆境を乗り越えた経験が必要なのです。

そして、この本を読んでいる保護者のみなさんには、まさにいま、「わが子に『ほどよい逆境』を味わわせているだろうか」ということを考えていただきたいのです。

さて、いよいよ第3章からは、わが子の逆境に際して、親としてどう対応するべきかを具体的にお話ししていきたいと思います。

第3章

子どものケンカ、いじめ……。そのとき、親はどう接する？

赤いハコ時代の「6大逆境」とは？

わが子が、こんな逆境にぶつかっていませんか？

逆境をしなやかに切り抜け、自分の成長の糧にできるような大人になるためには、私たち大人の接し方が本当に重要です。その中でも、「赤いハコ」の幼児期と、それ以降の「青いハコ」の思春期とでは接し方が異なります。

その違いは、叱り方、褒め方、学習面での接し方など多岐にわたりますが、本書は「逆境」がテーマですので、この軸で、2つのハコによる接し方の違いをお伝えしていきたいと思います。

社会に出てから、ちょっとやそっとのことではへこたれない、回復力の強いわが子に育てるには、どうすればいいのか。「赤いハコ」「青いハコ」それぞれについて、よくある「逆境」のシチュエーションを挙げてお伝えしていきます。

この章では、「赤いハコ」の時期について見ていきましょう。

私は日々、花まる学習会の教室で、子どもやお母さんと接しています。その中で、幼児期の子どもを持つお母さんたちからよく相談をいただくものを、「幼児期の6大逆境」として挙げてみると、こうなります。

①ケンカ
②いじめ
③先生との相性が悪い
④自分だけ「わからない」「できない」
⑤自分の「当たり前」が否定される
⑥お母さんに認められ足りない

具体的には、次のような相談です。

①ケンカ

「先日、うちの子が泣きながら帰ってきました。『○○君にぶたれた』とのこと。一方的にやられたわけではないようですが、どう対応すればいいのでしょうか」

②いじめ

「最近、うちの子が、学校から暗い顔で帰ってきます。ある日、道で会ったママ友から、下校中にしばしばある男の子から、からかわれたり、ぶたれたりと、いやがらせをされているようなのですが……」

③先生との相性が悪い

「担任の先生が変わってから、『学校が楽しくない』と言い出しました。新しい先生に原因があるのでしょうか。新卒の先生で、4月の授業参観で見た印象でも、ちょっと頼りなさそうでしたし……」

④自分だけ「わからない」「できない」

「新しい習い事をはじめたのですが、帰ってきた途端、『もう行きたくない』と言い、翌週も行きたがりません。自分だけできないのがいやなようです。つづけさせたほうがいいのでしょうか」

⑤自分の「当たり前」が否定される

「容姿のコンプレックスがあるようです。学校でとくにからかわれることはないらしいのですが、あまり明るい顔で帰ってくることがなく、心配です」

「転校して違う地方に来たのですが、言葉のイントネーションをからかわれたと暗い顔で帰ってきました」

⑥お母さんに認められ足りない

「長男が下の子と自分を比べて『どうして僕なんか』という発言があったり、『お母さん、僕のこと好き?』と聞いてきたりします。私としては、公平に接しているつもりなのですが……」

これらについて、「まだわが子にふりかかってきてはいないわ」とは思うものでも、どれかひとつやふたつは、お母さん・お父さんご自身、経験があるのではないでしょうか。

では、それぞれの場合に、どう対処したらよいのでしょうか。次項以降、具体的な対応策について見ていくことにしましょう。

逆境1 ケンカ

つらい体験を聞いてもらえるだけで、子どもの心はスッキリする

◯集団生活とは、もめごとを経験するためのもの

花まる学習会では、長年、野外体験に力を入れています。なにせわれわれのスローガンは「生きる力を育てる」。そのためには、単に勉強ができるだけでは意味がないと考えるからです。

サマースクールや雪国スクールなどの野外体験企画では、子どもたちは親から離れ、知っている人がほとんどいない、普段とは異なる環境に身を置きます。そうした「ナマ」の人間関係の中でもまれることで、理不尽も味わい、やせ我慢も

します。当然のことながら、ケンカもしょっちゅう起こります。

そういう条件を与えないと、いまの時代、親自身が「除菌主義」「ケンカなんてダメ！」という空気で育ってきているので、こういう環境を子どもに与えるのがなかなか難しいのです。

というわけで、花まる学習会では、野外体験を大きくこう掲げています。

「バカンスではありません。スクールです」

野外体験は、大人がちやほやしてくれて、守ってくれるいつもの環境とは対極にあるもの。その中で２泊３日なり、３泊４日なり過ごす。その結果、子どもたちは大きく変わっていきます。

学校生活もそうですが、集団生活というのは「もめごとを経験するためのものなのだ」くらいの心構えでいいのです。

私たちは、野外体験に参加する子どもの親には事前にこうした趣旨を十分に説明します。親の側でも、それを理解したうえでお子さんを送り出してくれます。

ところが、野外体験の後、親から「うちの子がケンカして帰ってきた！」というクレームが必ずあるのです。

「うちの子、ケンカして帰ってきたんですけど！」

「初めは向こうからやってきたって、言ってるんですけど！」

「一方的にやられたって、うちの子は言ってます！」

わが子から「野外体験でケンカした」といった話を聞き、「私のあずかり知らぬところで、うちの子がかわいそうな目にあった！」と、瞬間湯沸かし器のようにカーッとなってしまうのでしょう。「どこかに何かを言わないと気がすまない！」という感じです。

そこでわれわれは、一人ひとりにお電話をして、野外体験期間中のお子さんの様子をくわしくお伝えすることにしています。すると、だいたいのお母さんは「そういうことだったんですね」とホッとして、納得してくださる。

つまり、冷静になればまったく問題のないことだし、そもそも「もめごとはこやし」という趣旨もわかって、親はわが子を送り出してくれているのです。

「受容→理解→共感」の順で話を聞いてあげる

そもそも「お母さん」というのは、わが子のことが心配で心配で、たまらない生き物です。だから、子どもが「ケンカをした」「いじめられた」なんて聞いたら、居ても立ってもいられなくなるものです。

本来は、お母さんがそういう状態になったときに、「まあまあ、もめごとはたくさんあるんだし、気にすることないよ」となだめるのが、「お父さん」の役割といえるでしょう。あるいは、お母さんが心情をすぐに吐露できる存在（たとえば、実のお母さんとか、姉妹とか）が身近にいれば、お母さんも気持ちを落ち着かせやすくなります。

けれども、核家族、そして地域のつながりが希薄になっているのが「当たり前」です。いまのお母さんたちは、孤独の中で、不安をひとりで抱えがちなのです。

では、わが子のケンカに対して、親（とくにお母さん）は、どう対応すればいいのでしょうか。

それはシンプルに、「わが子の言葉をじっくり聞いてあげる」ことです。

子どもが「ケンカした」「意地悪された」と訴えてきた場合、それを解決してほしいのではなく、基本的には、大好きなお母さんに、ただ聞いてほしいだけなのです。

そのときにおすすめの方法が「カウンセリング・マインド」での聞き方。具体的には、「くり返す（受容）」→「言い換える（理解）」→「共感する（共感）」の3ステップで聞いてあげます。こんな具合です。

《例》「●君がぶってきた！」と泣きついてきたら……

【受容】――言葉をくり返す

「●君がぶってきたんだね」

↓

【理解】――**言い換える**

「●君がいやなことをしたんだね」

↓

【共感】――**共感する**

「それは痛かったね、つらかったね」

○「もめごと」からわが子を切り離さないで！

ケンカをしたわが子には、これだけでいいのです。聞いてくれたことで子どもはもうスッキリするのですから、それで終わりです。

「何が原因でぶたれたの？」とか「どっちが先にやったの？」とかいった事情聴取はいりません。

もっともやってほしくないのが、「ケンカ」や「もめごと」からわが子を切り離そうとすることです。「もうそんな子とは遊んじゃダメ」と言ったり、相手の家に乗り込んだりしては、わが子を成長させる機会を奪ってしまいます。それに、子どもはそんなことを望んでいません。

赤いハコ時代の子どもは、第1章でも述べたように、そもそも切り替えが早いのです。今日はわんわん泣いたまま布団に入っても、翌日にはケロッとして、何事もなかったかのように「おはよー!」と笑顔で言ってきます。

だからこそ、この時期にたくさんの「ケンカ」や「もめごと」を経験させてあげてほしいのです。

「ケンカ」や「もめごと」を経験することで、人は強く、しなやかになっていけます。こうした経験をたっぷり積んで、集団生活の中でもまれながら、「いい加減」でほかの人とつき合っていく術を身につけていく。

赤いハコ時代は、それがしやすい時期なのです。

逆境2 いじめ

親が出るのではなく子に乗り越えさせる

お母さんのサポートで「やめて！」と言えたＹ君

「〇〇君が意地悪してくる」とわが子から言われたら、たいていの親は心中おだやかではないでしょう。

その場合、どう対応すればよいのでしょうか。ここで、わが子へのいじめに上手に対応したお母さんのケースをご紹介しましょう。

小学１年生の男の子・Ｙ君のお母さんは、わが子から「〇〇君が通学路で僕の足を蹴るんだ」という訴えを聞きます。はじまったばかりの小学校生活に、いきなり暗雲が立ち込めます。「お母さんや先生がいるときはやらない」とか、「ほかの子にはやらないのに、僕にだけちょっかいを出してくる」といった訴えを聞けば聞くほど、「学校に行かなくなってしまったらどうしよう……」と不安が募ってきます。

お母さんは、相手の子の親に話そうかとも考えました。ただ、学校の先生との面談でそれとなく聞いてみると、教室ではそのようなことはないとのこと。しかも、Y君自身も、一度学校に行ってしまえば、その子とはクラスも違い、仲よしの友達もたくさんいて、学校生活を楽しんでいる様子です。

そこで、お母さんは気持ちを切り替えました。そしてわが子にこう言います。「Y。これからも、気の合わない人といっぱい出会うと思うの。だから、『いやだ』と思ったら『いや』って言いなさい」

Y君は、もともと主張の強い子ではありません。それでも、大好きなお母さんにこう言われて一念発起。あるとき、「痛いから、蹴るのやめて!」と強く言ったそうです。

これがきっかけになり、Y君はスッキリした表情で学校から帰ってくるようになりました。そして、いまも楽しく学校に行っています。

安易な「事件化」が、わが子の成長を奪う

このお母さんが素晴らしかったのは、子ども同士のもめごとに介入する代わりに、たっぷりの愛情を持って「あなたならできる」と、わが子の背中を押してあげたことでしょう。

これが、赤いハコの時期での、「いじめ」に対する適切な親の接し方です。

この時期の意地悪というのは、ちょっかいを出してきた子からしてみれば、じゃれあいの範囲内であることが大部分です。もちろん大きな青アザをつくって帰ってくるといったものは別ですが、すべてを親が勝手に大ごとに捉えてしまえば、ロクな結果になりません。

たとえば、Y君のお母さんがここで、相手の親のところに「どういうことです

か!?」と乗り込んでいたら、どうなったでしょうか。そこで、ふたりが強制的に仲直りをさせられ、お互いにモヤモヤした気持ちのままです。そして、何より、親の不要な介入は、Y君自身の成長の機会を奪ってしまいます。

とくに、長子やひとりっ子の場合、お母さんの心配は尽きない泉のようなもの。心配でたまらず、問題が起きると気づけば電話を手にしていたというようなことが起こりがちです。


Y君は、お母さんのサポートを受けて、ひとつの逆境を乗り切りました。そのど真ん中にあったのは、お母さんからの「あなたならできる」「あなたは大丈夫」という愛情でしょう。これがあればこそ、Y君は「やめて」の一言が言えたのです。この次に同じようなことがあっても、Y君は大丈夫でしょう。なぜなら、すでに似たような逆境を乗り越えた経験を持っているからです。

逆境を乗り越える力は、逆境を経験することそれ自体によって鍛えられていくものなのです。

子育てコラム

夫婦の会話は成立していますか?

いまの日本は、子育てからくるお母さんたちのイライラや孤独感が、なかなか解消されない時代です。

子育ては、本来ひとりですべきものではありません。

少し前までの日本では、子育て中のお母さんが安心して頼れる人が近所にひとりやふたり必ずいたものです。そういう人たちが、時には子どもを預かってくれたり、いろいろアドバイスをしてくれたり。また、親戚縁者からの助けも多くありました。

けれども、時代は変わりました。核家族化が進み、地域社会が崩壊し、近所とのつながりは弱くなり、家族のカプセル化がますます進行しています。お母さんたちにとって、気楽に頼れる相手がいなくなってしまっています。

また、本来、お母さんと一緒にタッグを組んで子育てをするはずのお父さんも、その役割を果たせていないケースが少なくありません。

これは、お父さんだけの責任ではないようです。「あの人に話してもムダです」と夫を切り捨てる妻のなんと多いことか。もちろん、そう思わせてしまう行動を夫がしているともいえるのですが……。「結論の見えない妻の話は聞きたくない」と、家庭にまでビジネスの感覚を持ち込む夫が山ほどいますからね。

「この人となら」と幸せな結婚をしたはずの夫婦が、お互いを切り捨ててしまっている。これでは、わが子がぶち当たった逆境に対して、夫婦で話し合い、適切な対処を考えることが難しくなってしまいます。

お母さんは子育てを、お父さんは家族を養うための仕事を（逆の場合もあります）、お互いにそれぞれ頑張っているだけなのに、互いを切り捨ててしまう関係。そこから脱するためのキーワードとして、私が保護者向けの講演会でお伝えしているのが、「お互いを『別の生き物』だと思いましょう」ということです。

第1章で、赤いハコ時代のわが子のことを、「大人とはまったく違う生き物だと思うことで、子育てはずいぶんとラクになります」と述べました。それと同じです。

大人が幼児を理解し切るのが難しいように、男と女もお互いを理解し合うのは至難の業です。ものの考え方や行動パターンなどにおいて、性別による違いは非常に大きいのです。

ならば、「そもそも『別の生き物』なのだから、わかり合えないものなのだ」と割り切ってしまったほうがいいと思いませんか。

私がよく言うのは、妻は「夫を犬」と思い、夫は「妻をトラ」だと思えばいいということです。

たとえば、ペットの犬が散歩に行きたがったときに、「なんであんたはいっつも『散歩、散歩』って言ってるの！」と怒る飼い主はいませんよね。犬なのだから仕方がありません。そういうものです。

夫婦がお互いに対して、このスタンスでいればいいのです。そう割り切ってしまえば、イライラも解消しやすくなります。

夫が、結論から聞きたがるのも、問題がなければ話さないのも、会話でうなずきがないのも、「犬だから」と思えばいいのです。妻が、オチのない話をつづけるのも、話を聞かないと怒るのも、イライラすると攻撃的になるのも、「トラだから」と思えばいいのです。

そうやって相手を「別の生き物」と割り切って、それに合った対処をしていけば、度を越えて互いに失望することはなくなります。必要なときには手を取り合って、わが子についてきちんと話し合える家族でありたいですね。

逆境3 先生との相性が悪い

切り抜ける姿を親が見せる

○「ハズレ」の先生に当たったら、どうするか

新しい学年となりようやく落ち着いた6月ごろに、親からよく聞くのが「今年の担任はハズレだわ〜」といった声です。

本来、学校の先生に当たり外れがあってはならないのですが、現状、そう感じてしまう親が多いようです。

「ハズレ」と感じる理由はさまざまあるようですが、多いのは「変化」が起きたとき。たとえば、ベテランの先生から若い先生に変わったからとか、女の先生か

ら男の先生に変わったからなど。なにせ、人は「変化」を嫌う生き物でもありますからね。

また、担任の先生が変わってから、子どもがあまり楽しそうでなくなったり、「○○先生、キライ」と悪口を言うようになったりしたときも、「ハズレ」と感じるようです。

では、こうした「ハズレ」の先生に当たってしまったとき、親はどう対応したらいいのでしょうか。

方法は2つです。ひとつ目は、すぐに改善すべき問題があるような人物が「先生」でいられてしまう、現状の仕組みを変える運動を起こすこと。いつの時代も、社会はそうやって変わってきたのですから、不可能ではないはずです。

「そんなことは無理だ」と思うでしょうか。だとすれば、親がすべきは、「いまの状況をできるだけよく捉える」ということでしょう。これが方法の2つ目です。

先生に「あれ？」と思っても、冷静に行動したお母さん

Kちゃんのお母さんのケースです。

Kちゃんは小学3年生になり、担任の先生も変わりました。そして、その先生のことをKちゃんから聞くたびに、お母さんは、その先生の指導の仕方に疑問を抱くようになりました。

たとえば、コスモスの写生をしたときのことです。

先生は「風は青く描きなさい」と指導。その結果、クラスの子の描いた絵にはすべて「青い風」が描かれていたのだとか。

絵を描くことが大好きなKちゃんは、もっと自由に描きたかったのにそうさせてもらえず、ガッカリしていました。

なんでそういう指導をするのだろうと思ったら、このときの絵は、絵画コンク

ールの出品対象になるものだったからのようです。

さらに、夏休みに書いた読書感想文でも似たようなことがありました。その先生から「Kちゃんの書いたものをコンクールに出したい」との打診があり、お母さんは素直に嬉しく、「ぜひ」と伝えます。

ところが、しばらくしてから、確認用に返ってきたKちゃんの感想文を見ると、先生の朱入れが山ほど入り、真っ赤。Kちゃんを見るととても悲しそうです。

お母さんは悩みました。「コンクールに出せるというのは、ひとつの成功体験かもしれない。けれども、これだけ直されたら、もはやKの書いた作文ではなくなってしまう」。

結局、お母さんは、感想文のコンクールへの応募はとりやめました。それがKちゃんにとっていいだろうと思ったからです。担任の先生は、残念そうだったようですが……。

○子どもの前で言う悪口は何も解決しない

Kちゃんのお母さんの素晴らしいところは、その担任の先生について、Kちゃん本人の前でねちねち悪く言うのではなく、「応募しない」という行動ひとつで済ませたところです。

こういうシチュエーションで、わが子が逆境にあるときには、親の冷静な対応が欠かせません。

もっともよくないのが、わが子の言い分に完全に同調して「そうよね〜○○先生って、ダメよね」と、その先生の悪口を言いつづけてしまうことです。

子どもは、親を見て育ちます。親が誰かを、その人がいないところで悪く言うことを当たり前にしていると、子どもにとってそれが「当たり前」になります。

「そうやって悪口を言っていいものなんだな」と思ってしまいます。

家の人の言葉は、そのままその子の文化になるのです。

その先生自身に改めるべき点がある場合ももちろんあるでしょう。だとしても、子どもの前で先生を悪く言ってはいけないのです。

「自分の行動がわが子にどんな影響を及ぼすのか」を考えるのが、親の役割です。担任の先生を変えるということは簡単ではない以上、親の仕事は、その状況をわが子がよりよく受け止められるようにしてあげること。

たとえば、「いつも最高の先生にみてもらえるとは限らないからね」でもいいし、「○○先生は、こういうところがいいよね」と見つけてあげてもいい。

いまの状況を子どもができるだけプラスに捉えられる言葉をかけてあげることです。

学校での5時間、6時間をどんよりと過ごさせては意味がありません。親であるお母さん・お父さんが、逆境をしなやかに切り抜ける姿を見せてあげてください。

逆境 4

自分だけ「わからない」「できない」

「行きたくない病」は成長のチャンス

「あなたならできる」と言い切る

習い事に途中から入ったときなどに起こりやすいのが、自分だけ「わからない」「できない」というシチュエーションです。みなさんも、子ども時代を振り返っても、覚えがあるのではないでしょうか。

そんなとき、気持ちが落ち込み「行きたくない」と言ったり、行き渋ったりということになりがちです。大泣きしたりしようものなら、「何かされたのかしら……」と心配になることもあるでしょう。

こうした「行きたくない」病は、じつは成長の大チャンスです。

この場合、経験不足や思い込みで「わからない」「できない」と思っているだけというのが、大半です。つづけているうちにそれは克服できるし、克服できたときには「なんでこんな簡単なことを、できないって思ってたんだろう」と、かつての自分を滑稽に感じたりするものです。

そして、こうして乗り越えた体験は、「私は、やればできるんだな」という自信につながります。

だから、「行きたくない」病になったときのわが子への対応は、「大丈夫。あなたなら必ずできるようになるよ」と、その子が壁をひとつ乗り越えるまでサポートすることです。

◯「行きたくない」の気持ちを、きちんと受け止める

とはいえ、親が一方的に「つづけなさい！」と叱咤激励してくださいと言って

いるわけではありません。このとき大切なのが、子どもの「行きたくない」という気持ちをしっかり受け止めてあげること。

花まる学習会では、月に1回「特別授業」というものを実施します。このときは、あえて異なる学年を混ぜたチーム編成にします。それは、「もめごとはこやし」を実践すべく、子どもたちにもまれる経験をしてもらうためです。

ある特別授業でのことです。

参加した小学1年生のR君が、同じチームにいた高学年のG君に、「早くしろよ」「そこは丁寧にやるんだよ」と少しキツめの厳しい口調で言われ、意気消沈していました。

そこで、先生はR君を「ちょっとおいで」と呼び出し、「いやな言葉をたくさん言われたのに、よく我慢したな」と声をかけました。すると、R君の目からは大量の涙があふれてきました。

先生は、しばらく泣かせてから、「チームを変わる？」と聞くと、R君は首を何回も横に振ります。先生はR君を抱きしめて、「先生は、頑張っているRをちゃんと見ているからね」と伝えると、R君は先生の手をぎゅっと握ってチームに戻っていきました。

R君は、自分を見守ってくれる大人にしっかりと自分の気持ちを受け止めてもらったことで、逆境に立ち向かう力を得たのです。

大会が終わり、先生がお菓子をひとりずつ渡していると、R君の番がやってきました。

R君は先生の目を見て、一言、「ごめんね……」。先生は頭をポンとなでて、「頑張ったね。そんなRが先生は大好きだよ」と伝えました。

子どもは、そうやって大人に見守られて、自分を受け止めてもらいながら、成長していきます。

「行きたくない」病は、わが子にとって成長の大きなチャンス。「おっ、ついにこの子にとっての成長のチャンス到来！」と迎え入れるくらいの心構えで、親は接してあげてほしいと思います。

また、もし「行きたくない」病からわが子がなかなか抜け出せないという場合は、その習い事の先生に早めに相談することも大事です。「こういう状況なんです」ということを伝えれば、本人のやる気を引き出す接し方を考えてくれるはずですよ。

逆境5 自分の「当たり前」が否定される

「みんな違うのが当たり前」を経験させよう

○子どもは「自分と違うもの」に興味津々

赤いハコ時代の子どもは、「あの子は自分（たち）とは違う」ということに敏感です。言葉が違う、洋服の着こなしが違う、においが違う……など、自分たちの「当たり前」になかったものを目の前にして、興味津々なのでしょう。好奇心旺盛だからこその反応ですね。

花まる学習会の教室でも、初めて会った子や先生に、子どもたちはみなキョロキョロと目をやります。先日も関西出身の子が入会してきて「ほんまに!?」と言ったところ、「うわぁ〜。関西弁だ！」と大騒ぎです。

興味津々程度だったらいいのですが、「あの子は自分（たち）とは違う」がエスカレートすると、その子はからかいの対象になってしまったりもします。

自分の「当たり前」が揺るがされることに、人間は無意識のうちに反発する傾向があるようです。これは、大人でも同じですよね。

ただ、大人同士であれば、ある程度、相手に気を遣い、その違いをわざわざ強調したりはしないものです。ところが、子どもにはそんな配慮はありません。歯に衣着せず、「なんで髪の毛くるくるなの？」とか「なんで色が黒いの？」など、見たもの、感じたことをありのままに言葉にします。

さらに、それをからかいのネタにしてしまうこともある。そして、いったんからかいの対象になると、なかなか収まらないこともあります。転校したときなどに起こりやすいといえます。

このとき、からかう側には、ほぼ悪気はないものです。しかし、からかわれる側としては、自分の「当たり前」がダメ出しされたように感じ、急に自分が恥ずかしくなったり、惨めな気持ちになったりします。

しかも、こうした気持ちはなかなか忘れられないものです。とりわけ女の子の場合、基本的に「できるだけ失敗しない自分でいたい」という気持ちが強いため、なおさらいやな気持ちになりがちです。

「当たり前」が通用しない葛藤が大切

こんなとき、親はどう対応すればいいのでしょうか。

結論をいえば、こういう経験は必要です。なぜなら、大人になり社会に出れば、自分の「当たり前」が通用しないことだらけだからです。

一生懸命、言葉を尽くしても、相手は「はぁ……」と暖簾に腕押しなんてことは、日常茶飯事です。自分の「当たり前」がいつでも誰にでも通用するのが当然と思って大人になれば、「この社会は自分の思い通りにならないことばかりだ！」

と感じ、この社会は生きづらいものとなってしまうでしょう。

だから、親としては、わが子が逆境を乗り越えるのを見守ってあげるしかないのです。そして、この「見守る」という姿勢こそが大事です。外で頑張ってきたわが子に対して、家ではたっぷりと愛情をかけてあげてください。もしお子さんがつらい気持ちを言葉にするようだったら、99ページでご紹介した「カウンセリング・マインド」を実行してみてください。それだけで十分なのです。


「つのつくうちは神の子」という言葉があります。「つのつくうち」とは、まさに9歳つまり「ここのつ」くらいまでの赤いハコの時代です。

先述したように、この時期の特性は、過去をふり返らないこと。ちょっといやなことがあっても、次の日には忘れています。怒られて泣き疲れて寝ても、翌朝には満面の笑顔で「お母さん、おはよ！」と言ってくる時期です。

だからこそ、たくさんの逆境体験をさせるチャンスなのです。その機会を大切にしてあげてください。

逆境 6

お母さんに認められ足りない

1日5分でOK！「たっぷりの愛情」を見せてあげて

子どもはお母さんの愛情不足に敏感

ひとりっ子の場合、お母さんやおうちの人からの愛情を一身に受けられるというメリットがあります。一方、きょうだいがいる場合は、お母さんというひとりの「太陽」の取り合いです。

ひとりっ子と比べると、どうしても愛情不足を感じやすい。このことは、「きょうだい育児の落とし穴」ともいわれます。

たとえば、下の子が生まれたばかりのときや、きょうだいゲンカで自分だけ叱られたときなど、敏感に反応します。「どうせ僕なんか……」とすねたり、いじけたり。「どうして私ばかり怒られるの？」と反発したり、怒りをぶつけたり。

親のほうでは平等に接しているつもりでも、子どもは、親、とりわけお母さんのまなざしに敏感です。自分と、ほかのきょうだいとに注がれる視線の違いを、感じとっているのです。

きょうだいのいる子に効果抜群の「ひとりっ子」作戦

幼児期の子どもにとって、お母さんからの愛情は逆境を乗り越えるための「核」になります。外で頑張った後に戻っていく「港」のようなものです。

だからこそ、わが子が愛情不足を感じているサインを出したら、すぐに対処する必要があります。おすすめは、「ひとりっ子作戦」です。これは、年齢にかかわらずとても効果があります。

花まる学習会に通う小学2年生のT君のケースです。

最近、教室で覇気がありません。気になった講師が迎えに来たお母さんに声をかけました。すると、お母さんのほうからも「先生、ちょっと相談が……」。聞けば、家でも、生活全般についてやるべきことがきちんとできず、「～しさい！」と言っても、まったく響かない。最近ではお母さんからの話を聞き流すようにもなってきていて、お母さんのイライラもたまっていました。

「よその人には、『T君は、なんにも心配いらないでしょう』なんて言われるんですけど、私からしたら『なんで⁉』です。だって、家ではまったく違うんですもの。だから、褒めてもらっても、親としては素直に喜べないというか……」

T君のお母さんの話を聞いていると、あることに気づきました。話の中に、「弟は～ですけどね」という比較の言葉が何度も出てくるのです。T君にはひとつ下の弟がいます。年子ということもあって、お母さんは半ば無意識に兄弟を比較してしまっているようでした。

最近のT君の姿勢の崩れは、ここに原因があったのかとわかりました。T君は、弟に向けられるお母さんのまなざしのほうがどこか温かいのを感じとってしまっていたのでしょう。

そこで、講師がすすめたのが、「ひとりっ子作戦」。

T君のお母さんも一念発起し、取り組むことになりました。具体的には、毎週土曜日、T君が習っている空手の後、ふたりでスーパーへ買い物に行くことにしたのです。そのときは、弟はいません。T君はお母さんを独り占めできます。

それだけで、十分だったのでしょう。2カ月もすると、T君は空気を入れた風船のように満ち足りた雰囲気をまとうようになりました。教室にも、「こんちは！」と元気にあいさつをして入ってきます。

余計な配慮や、無理やりひねり出した言葉ではなく、お母さんがただ一緒にいて、自分だけにまなざしを注いでくれるという時間が彼を変えたのでした。

○愛情のポイントは、「時間の長さ」でなく、「質」と「頻度」

すねた、いじけた苦い経験は、成長過程において必要です。自分だけ閉じ籠もっていても誰も助けてくれないとわかったら、家族団らんの中に戻ってきます。

大事なのは、そのとき愛情不足を感じさせたままにしないことです。鉢植えの土が乾き切っていたら、そのままにはせず、すぐに水をやりますよね。それと同じで、わが子の「愛情不足」のサインをキャッチしたら、すぐに、いつもよりたっぷり愛情を示してあげてください。

「たっぷりの愛情」とは、長い時間一緒にいることではありません。大事なのは、「総時間数」よりも、「質」や「頻度」です。働いているお母さんは、「やっぱり私が忙しいからかまってあげられないのが、悪いんだわ……」などと自分を責めてしまう方が多いのですが、違います。それは誤解しないでください。

毎日5分、臆面もなく「お母さんは、○○のことが大好きだよ」と言葉にし、それに加えてギュッと抱きしめてあげればいいのです。
それだけで、子どもの心はふんわりと満たされて、外に飛び出していけるのですから。

子育てコラム

母なるもの

ある年のサマースクールで小学3年生のK君に出会いました。

K君の素晴らしいのは、なにをおいてもその「活力」です。行きのバスからエンジン全開で、ずーっとしゃべっています。

「ねぇ、リーダー、すげー田んぼ！」

「ねぇ、リーダー、お菓子、食べたいな～」

はじけんばかりの笑顔と元気に、最初のうちは、ほかのメンバーが若干ひいていたほどです。

雨のため体育館で「百人鬼ごっこ」をしたときのことです。K君は追いかける側です。ところが、敵を捕まえられないうちに時間切れ。それでも、まったくくじけていません。笑顔で、「あ～！　あと1ミリだったんだよ!!」と人差し指と親指で「こんっくらい！」とつくりながら教えてくれました。

この明るさに、「輝いていていいなぁ」と、私自身、惚れ惚れしました。

その日のお風呂の時間のことです。

私が階段のところにいると、K君ともうひとりの男の子が通りかかりました。K君はその子に「なぁ、お前、水着に紐ついてる?」と聞いています。近くにいた私が「どうしてそんなこと聞くの?」と尋ねると、「オレ、今日、チョウチョウ結びできるようになったんだ。さっき、リーダーに教えてもらったんだ。ほら!」と、自分の水着でやってみせたのです。見事にできています。

そしてニッコニコの笑顔で言ったこの一言。

「お母さんに、また褒められちゃう!」

K君の明るさや活力、くじけない心の源がその瞬間わかりました。「お母さん」なんですね。

「お母さんに愛されている」という確信が、彼を強くし、まわりの人を笑顔にできる魅力につながっているのです。

幼児期の処方箋 1

幼児期の万能感は、どこかでつぶす必要あり

「世界は思い通りにいかない」を早いうちに教える

ここまでは、幼児期の「6大逆境」と、それへの対応を見てきました。

つづいて、ここからは、わが子が逆境にぶつかったときに備えて、親はわが子が幼児期の間、どのような心構え（幼児期の処方箋）でいるとよいのかを整理しておきましょう。

まずは、処方箋のひとつ目です。

子どもは、ある時期までは、食事、排せつ、着替え、外出など、親をはじめとした大人にすべてを世話してもらわないと生きていけません。そのため、自分の

まわりの大人はいつも自分の思う通り、言う通りにしてくれる……と思っています。

これが、「幼児的万能感」です。

この幼児的万能感は「自己肯定感」とはまったく異なります。混同しないように注意してくださいね（自己肯定感については、169ページ以降で述べますので、参照してください）。

当然のことながら、この幼児的万能感は、赤いハコ時代のうちから徐々に打ち砕かれなければなりません。まわりの大人がすべてを世話してくれる時期はやがて終わり、子ども社会の中で集団生活をしていく時代がスタートするからです。

花まる学習会が毎年夏に行っているサマースクールでのことです。そのチームでは、子どもたちが現地に着いたとき、雨が降っていました。

すると、バスを降りながら、ある小学2年生の男の子がこう言ったのです。

「遊べないならサマースクール代金返せよ、だよな」

私はこの言葉を聞いて、「この子は幼児的万能感を断ち切ってもらえないまま育ってしまっているんだな」と、かわいそうな気持ちになりました。

こうした幼児的万能感を幼児期に断ち切れず、中学生、高校生、ひいては大人になっても持ちつづけるとどうなるでしょうか。それは「合わない症候群」となって現れます。

「こんなキツイ部活、合わない」
「塾の先生が合わない」
「あの友達は、僕には合わない」
「大学の雰囲気、合わない」
「バイトの先輩たちと話が合わない」
「毎朝の掃除があるこの会社の文化に、私は合わない」
「あの上司とは合わない」

こんな具合に、「合わない」「合わない」とやっていると、しまいには「この世界は自分に合わない」とまで言い出しかねません。

そして、まわりと折り合いをつけることを知らずに育ってしまった大人が、この社会で生きることがどれだけ厳しいかは、想像に難くないと思います。

わが子に我慢することを少しずつ教える

幼児的万能感は、どのようにして薄らいでいくのでしょうか。

それは、親の側が、「我慢する」ことをわが子に少しずつ教えていくことによってです。自分たち家族の基準をしっかり持ち、わが子に「ダメなものはダメ」と、しっかりその基準を示してあげます。

「ゲームはダメ」と決めているなら、「○○ちゃんの家では、やらせてもらえるよ」と子どもが言ってきても、「ほかの家ではＯＫでも、うちではゲームは絶対なし」と、毅然とした態度をとる。

いったん決めたら、できる限りぶらさないでください。はじめのうちこそ駄々をこねたり、泣きわめいたりするでしょうが、親の側が動じなければ、「あ、いくら言ってもダメだな」と子どもは学ぶものです。

おじいちゃん・おばあちゃんが何でも孫に買い与えてしまうこともあると思いますが、こういうところでも「うちは、こういう心構えでいきます」と子育ての方針を共有し、協力してもらえるといいですね。

このようにして、「すべてが望んだ通りにいくわけではない」ということを、徐々に理解させていってあげてください。わが子をかわいがることと、自立させることとをごちゃまぜにせず、「ダメなものはダメ」と、親はわが子にしっかりと基準を示してあげたいものです。

幼児期の処方箋 2

親こそ、ポジティブな言葉を使おう

「楽しもう」がチームの空気を変えた!

花まる学習会では、野外体験教室をかれこれ20年以上つづけていますが、基本的に予定されている行程は、「天気」に左右されます。

ある3泊4日のサマースクールでの出来事です。

出発式から雨で、現地もまた雨でした。川が増水していて危険なため、初日は室内遊び。そのとき、初めてサマースクールに参加した男の子がこう言いました。

「え~、なんで雨なの~。つまんない」

それに対して、大人よりも早く言葉を放ったのが、野外体験企画に何度も参加しているベテランの小学6年生でした。

「そんなこと言っても楽しくないじゃん！　お楽しみ会のゲーム、すごいの考えようぜ！」

これで、このチームの雰囲気はポジティブなものに切り替わったようです。


このサマースクールでは、結局、最終日まで雨つづき。メインイベントのカレーづくりは、鉄橋の下で雨をしのいで……となりました。しかも、雨脚が強く、勢いづきはじめた火も、風雨でまた弱まり……という具合。どんなにポジティブな人でも、「カレーづくりには最適だね！」とは言えない状況でした。

けれども、不満を口にする子どもは皆無。初日に「つまらない～」と発言した男の子も、です。それどころか、雨から火を守ろうと、みんなで火のまわりを囲み、最後まで頑張ってカレーを完成させました。

自分たちでつくったカレーを食べる子どもたちの表情は、達成感に満ちていました。

子どもは親の言葉を聞いて育つ

このエピソードで私がみなさんにお伝えしたいのは、「状況は、それをどう認識するかによってどうにでも変わる」ということです。

たとえば、1年生の男の子が「なんで雨なの〜。つまんない」と言ったときに、まわりの子も「だよね〜」「最悪〜」といった言葉で同調していたら、どうなっていたでしょうか。

実際、その後の3日間はひたすら雨だったわけです。なので、参加した子どもたちにとっては、「最悪なサマースクール」になっていたに違いありません。

けれども、6年生の子が「そんなこと言っても楽しくないじゃん！」と言ってくれたおかげで、ほかの子どもたちは、「そういうもんだよね」と切り替えることができたのです。

物事の結果には、「自分が原因だったこと」と、「外部の要因が大きいこと」の

２つがあります。

前者の場合は、的確に反省をし、次の行動につなげていく必要があります。一方、後者は、自分の思い通りにならないものだから、それに一喜一憂しても仕方がありません。天気などはまさにそれです。

先ほどの６年生の男の子はそのことがわかっていたのでしょう。だから、いまの状況でできることを楽しもうと、みんなを盛り上げてくれたのです。これは、野外体験教室に毎年参加する中で育まれた、「逆境に対する姿勢」ともいうべきものです。

花まる学習会の教室で、多くの子どももやその保護者と接していてしばしば感じるのは、起こった事態にどういう反応をするかは、家庭での接し方が大きく影響する、ということです。

子どもは親を見て育ちます。とくに幼児期は、音声言語がとても優位で「耳」からの学びが中心になります。ＣＭソングをあっという間に覚えてしまったりもしますね。

そうした、「耳学問」の時期だからこそ、おうちの人の言っている言葉をそっくりそのまま吸収しやすいともいえます。

その意味で、日々の生活において、親がどういう言葉を使っているのかが、とても大切になってくるのです。

言葉が人格をつくります。たとえば、お母さんやお父さんが「ああ、ダメだな私」と言いつづけている家の子は、将来同じように「ああ、自分はダメだ」と言う傾向を持ちかねません。

そうした事態を避けるためにも、親は自分も家族も、それ以外の人も気持ちよくさせる、そんな言葉を習慣にしたいものです。

○会話の最後はいつも「よかったね」

ここで、プラスの言葉を使っていくうえで、非常に参考になる方法をご紹介しましょう。

それは、私の師匠である仔羊幼稚園（愛知県豊橋市）の園長、上里龍生先生が実践されている、「よかったね運動」です。

これは、いつも会話の最後を「よかったね」で終わらせるというもの。

ケンカをしても、「仲直りができてよかったね」、子どもを叱ったあとも「本当はあなたのことを思って叱ったんだよ。いい勉強になってよかったね」という具合に、何が起きても基本的には「～でよかったね」で終わりにします。悪いことが起こっても、「～～ということはあったけど、かえってよかったね」とプラスに捉えます。

このようにプラスの気持ちで終えられるようにすることで、どんなことに対しても、子どもは「あっ、よかったんだ」といい感情で対応していくことを学べます。毎回やるのは難しいかもしれませんが、いやな感情が湧いてきたときなどには、そのままで終わらせないという点で効果的です。これはまた、親子に限らず、家族、上司・部下など、あらゆる人間関係において使えますね。

ちなみに、花まる学習会では、講師たちは普段の授業でも、サマースクールでも、「自分も相手も気持ちよくなる言葉を使う」というのが原則です。

たとえば、野外体験で雨が降ったら、「やったー！　天然のシャワーだね！」ですし、授業でゲームをした際に、自分のチームが負けても、相手に拍手をするのがルールなのです。

幼児期の処方箋 3

頑張ってダメだったときは、「そんなこともある。次！」

努力した分だけ、つねに結果が出るわけではない

何かに挑戦して、失敗して、その後また頑張って成功体験にする。逆境力はこうしたくり返しの中でできあがっていきます。

たとえば、「○○君とケンカをしちゃったけど、仲直りはできたもんね」「悲しくてつらかったけど、いまはもう大丈夫」という具合です。

子どもが何かに挑戦できるのは、基本的に「母なるもの」の安定があってこそです。それは、おばあちゃんでもいいのです。「何があっても、自分を受け止め

てくれる人」「自分を絶対に愛してくれる人」という存在が、子どもには必要です。それがあるから「やってみよう！」と思えるのです。

当たり前ですが、はじめたことを、ちょっとやそっとの失敗であきらめず、できるまでやり切る力というのは、社会に出てからたびたび出くわすであろう逆境において、とても重要です。

社会人になってからもはっきりと自分の意見を言える人というのは、これまで「僕は／私は、愛してもらってきた」という自己肯定感を核にして、「そして、これまでいろんなことを乗り越えられてきた」という自信を持っているのです。だから人を惹きつける魅力を持っているのです。

一方で、「どんなに頑張ってもダメだった」という甘くない現実に出くわすこともあるでしょう。

スポーツや、将棋などのボードゲームは、絶対的な実力の違いがよく表れる分野です。「どうあっても、いまの自分ではかなわないなぁ」という感覚を味わうことがしばしばあります。

たとえば、水泳に本気で打ち込んでいると、なかなかタイムの伸びないスランプに陥ることもあるでしょう。泳ぎのフォームは確実によくなっているはずなのに、タイムに表れない。

自分が伸び悩むだけではありません。時には、力量が桁外れに上だと感じさせられる同級生が近くにいることもあります。

こうした現実に直面して、現実は自分の思い通りにいくものばかりではないということを子どもたちは知っていきます。

どんなに努力しても、うまくいかないことはある。

この事実を社会に出る前に知っておくことには意味があります。しかし、引きずりすぎてもいけません。

わが子が「どんなに頑張ってもダメ」という現実に直面したとき、大事なのは、まわりにいる大人たちの姿勢です。

わが子の頑張りが実を結ばないときに、親まで一緒にしょげてしまっては子どもは落ち込むばかりです。こういうときには、「そんなこともある！　さあ、次！」とパッと切り替える、離れのよさを親は示してあげましょう。「それができなくても、大丈夫！」というカラッとした明るさを、見せてあげてほしいものです。

切り替え上手なお母さんの一言

以前、教室でこんな印象的なことがありました。

花まる学習会では、「キューブキューブ」という立体教具があります。それは、いくつかのサイコロ型のピースに分かれていて、それらをぴったり箱に収めることができます。

ある日、小学1年生のAちゃんが、1ピースを失くしてしまいました。教室中を探してもありません。仕方なくその日は見つからないまま帰ることになりました。Aちゃんはガックリとうなだれています。

　そこにお迎えでやって来たお母さん。先生から事情を聞いた後、笑顔でAちゃんにこう言ったのです。

「あっそう。サイコロキャラメルでも入れておけばいいじゃない！」

　それを聞いたAちゃんの「……へ？」という顔。ふたりの表情のギャップに先生は思わず笑ってしまいそうだったとか。その後、Aちゃんも「ふふ！」と笑顔になりました。

「気にしない」を通り越して、笑いにまで持っていったこのお母さんには脱帽です。

　うまくいかなくても不必要に落ち込まない人というのは、それまでの経験で落ち込みすぎることの無意味さを知っているのでしょう。小さな出来事ですが、こういうちょっとした場面で親が発した言葉を、子どもはよく覚えているものです。

幼児期の処方箋 4

男の子は「オス」のまま育てる

「理解しよう」ではなく、面白がる

男の子を持つお母さんがやってしまうのが、男の子の遊び「戦いごっこ」をやめさせようとすることです。

たとえば、ギャーギャー騒ぎながら手足を振り回すわが子に、「お母さん、それ、危ないからいやだな」と言ってしまったりします。

「男の子がわかりません」と悩みを相談しにいらっしゃるお母さんは少なくありません。性別も違ううえに、年齢も違う。わからないことだらけで当たり前です。

だからこそ、第1章でも述べましたが、男の子は「カブトムシ」と思って育ててみてください。「自分とは別の生き物だな〜」と思って観察し、「わかろう」とはせずに、その行動を面白がるのです。

「戦いごっこ」も、男の子ならではの行動です。なぜそれをやりたくなるのか、本人たちにだってわかりません。強いていえば、「突き上げてくる男としての情熱」みたいなものでしょうか。つまり、オスとしての本能的なものなのです。

けれども、このオスの本能を、大人の女性の感性を持つお母さんは否定してしまいがちです。

「そんなことしたら危ないでしょう！」

「汚れるからやめて！」

「遊びに負けたくらいで泣かないの！」

オスの本能を否定しようとするお母さんに悪気はまったくありません。それどころか、わが子をよいほうへ育てようと思ってのことです。

しかし、ここで思い出してください。相手は「カブトムシ」です。自分とは違う生き物なのです。なので、自分の常識で考えてはいけません。カブトムシにはカブトムシの常識があることを受け止めてあげるのです。

本来だったら、「父なるもの」が、「男はじゃれ合うものだから、止めないでいいよ」と言ってあげるべきなのですが、いまの日本の、多くの家庭ではそれが難しくなっています。「こういうものだから大丈夫」と決めたり、判断したりという「父なるもの」が不在の場合が多く、お母さんの「女性の感性」が強く働いてしまいます。その結果、ついわが子を周囲の危険なものから切り離そうとしてしまうのです。これを私は「除菌主義」と呼んでいます。

「戦いごっこ」から切り離すほうが、じつは危険！

男の子を育てる場合、「ケンカや取っ組み合いは悪」という文化を押しつけ過ぎてしまうのはよくありません。彼らが大人の男になっていくための通過儀礼である「健全な男の子同士の関わり」が阻害されてしまいます。その結果、仲間づくりからわが子を遠ざけてしまいかねません。

ニートやひきこもりに代表される「働かない大人」の多くは男性です。それはこういう除菌主義で育ったがゆえに、人との関わりをうまく持てず、大人の男として「生きていく迫力」を育むことができなかったといえます。

ツノを折られたカブトムシは、もうオスのカブトムシではありません。男の子を「戦いごっこ」から切り離さないでください。アザを相当数つくって帰ってくるといったことのない限りは大丈夫。「男の子なんだから、ちょっとした擦り傷や切り傷は当たり前」という大らかさを持って男の子を育てていただけるといいなと思います。

幼児期の処方箋 5

安易に「事件化」しない！

「まあまあ」で済ませられない人が増えてきている

「はじめに」にも書いたように、最近のお母さん・お父さんの世代の人たちと接する中で感じるのは、「カッときたら、そのままの勢いで殴りこんでしまう」という人たちが増えて来たなぁ……ということです。

第2章でも触れましたが、養老孟司さんが書かれた『「自分」の壁』（新潮新書）という本があります。その内容を一言でいえば「人間は自分という内側と、世界、ないしは他人という外側との間に壁をつくってしまう生き物で、現代人が西洋仕込みの自分観でいかに息苦しくなっているか」ということです。

古くからの日本文化には、世間とつながっている感覚がありました。「まあまあ」に代表される、あいまいでも信頼感でつながった感覚で、私たちは安心できていたのです。それが、できなくなっているのが、いまという時代です。

根底にあるのは、人間関係の希薄化だと思います。

他者とのやりとりに直面した経験が少ないから、「自分はこう思っているのに、相手は全然わかってくれない」とか、「まあまあ」で済んでいたようなちょっとしたことが、「ちょっとしたこと」で終わらなくなってしまっている。

花まる学習会のある先生が小学3年生だったときの経験です。

当時、彼はサッカークラブに入っていました。小学3年生の6月に入会。同学年が4人しかいなかったのですぐに仲良くなり、先輩ともだんだんと慣れはじめてきた8月に合宿がありました。

その合宿初日、子どもしかいない空間で、5年生と6年生の先輩に投げ飛ばされ、プロレス技をかけられたのだそうです。当然、いやでしたし、泣いたそうです。当時の彼にとって、学校以外の初めての「社会」がそのサッカークラブだったので、そんな経験は初めてです。いま振り返れば、どこにいても起こり得る、悪気もなくやられたことだったのですが、彼の中にはこの出来事が強烈に残りました。

そして、合宿からの帰り道、父親に「いじめられたんだ」と話しました。それを聞いたときの父親の声色には、どこか驚きと、怒りがありました。

そして、家に帰ると「いじめ」について両親に聞かれ、彼は感じたままに、いやだった気持ちを話しました。ただ聞いてくれ、慰めてくれればと思って話したのです。

けれども、彼の両親は、わが子がいやな思いをさせられたことに怒りが爆発。プロレス技をかけた2人を親とともに呼びつけ、謝罪させました。

大人になった彼が、その経験を振り返ると、「ただ聞いてほしかっただけだったのに、事件にされてしまったことへの、申し訳なさだけが残る」とのことでした。

もちろん、彼の両親にも悪気はなかったのです。ただ、わが子にとっての初めてのクラブ活動だったこともあり、そこでのわが子からの「いじめられた」という一言に不安が駆りたてられてしまったのでしょう。

親が介入し、子どもは友を失う

99ページで、わが子への「受容→理解→共感」というカウンセリング・マインドをご紹介しましたが、この対極にあるのが「事件化」です。

もちろん、母親が泣いて帰ってきたわが子を心配するのは当たり前の本能です。ただ、カッとなった母親を止める役割を果たせる人が、どんどん少なくなってしまっている。これが問題だと思います。

「子どものケンカに親が介入し、子どもは友を失う」と私はよく言っています。子どもの世界でのちょっとしたケンカやぶつかりあいを、親がいちいち事件化していたら、それが当たり前の社会に出たとき、その子はあっという間にポキンと折れてしまいます。

幼児期の処方箋 6

カッときたときの「カード」をいくつか持っておく

すぐに相談できる相手は誰ですか？

前項で、子どものもめごとに対して、介入し、「事件化」しないようにしましょうと述べました。

といっても、日々の子育てでは、ついついカッときてしまうこともあるでしょう。そういうとき、どうすれば自分の気持ちをコントロールできるのでしょうか。

それには、いくつか相談できる存在を持っておくことです。

それを、私はカッときたときの「カード」と呼んでいます。

いくつかおすすめの「カード」を挙げてみましょう。

①ママ友

お母さん同士であれば、こちらの気持ちを理解してくれやすいし、求めるリアクションやツボも心得ています。そうしたママ友から、「そうそう、よくあるよね〜！」と聞いてもらえれば、カッときた気持ちがだいぶ和らぐのではないでしょうか。ひとりでもそういう人がいるだけで頼りになりますね。

ただし、ここでいう「ママ友」は、表面上のつき合いではなく、愚痴を本気で言い合えるようなママ友です。ちなみに、「カッときたとき」に話を聞いてもらうのは、先輩ママがおすすめです。

②実母

「この子は健全に育っているなぁ」と感じる子のお母さんと面談でお話ししたとき、ある共通点があることに気がつきました。

それは、「自転車で20分以内の距離に、実母が住んでいる」ということです。

じつはこの距離感がツボ。これは、「私の家」というテリトリーを保つことができ、またカッとなったときに「ちょっと聞いてよ」と話しに行ける距離感なのです。

そして、実のお母さんは何といっても子育ての経験者。自分自身を育ててくれた人でもあり、こちらが言うことはだいたい理解してくれます。相槌だってしっかり打ってくれて、「伝わっている感」を持ってます。

そうやって心が落ち着きを取り戻せた後の、「あんたね、そんなもんなのよ」という助言は、ささくれ立っている心を静めてくれます。

③姉妹

実の姉妹は、実母と立ち位置は似ていますが、加えて、実母よりも年齢が近いので、感覚も近く、ママ友と実母の中間くらいというよさがあります。

さらに、姉や妹からすれば甥や姪の話だから、親身にもなってくれます。

④オヤジの会

「オヤジの会」とは、いくつかの家族ぐるみでつき合っていく、というものです。問題となっているのは、カッときた母親に対して「待て待て。ここは落ち着いて考えよう」とストッパーの役割を果たすべき存在がいないことです。夫が、カッとなった妻を大きい心で見守り、諭してあげる存在になれていないことが多い。なかには、妻に言われたら自分も怒りに火がついて、そのまま自分自身がクレーマーになってしまう夫もいるくらいです。

そこで、現在、私が保護者の方々におすすめしているのが、家族ぐるみでのおつき合い。その中にお父さんたちを巻き込んでいき、何かあったときに話を聞いてくれ、かつ冷静な判断を下してくれる人を増やしていくのです。

そのための方法が「オヤジの会」。

実際、花まる学習会の会員には、2~3家族でキャンプに行ったり、行事のパーティーをしたりと、家族ぐるみのおつき合いをしているご家庭が多いのですが、そういう家の子どもたちは総じて健全に育っているなと感じます。それはお母さんの表情を見ていても明らかです。

ちなみに、お父さん同士というのは、何かきっかけがないと、仕事以外でのつながりをつくるのが下手です。なので、お母さんたちがまずはイベントを企画したり、場所や日程等を決めたりというところまでやってあげましょう。

一度動き出すとまじめにやるのがお父さんですから、あとは結構スムーズにいくはずです。ぜひ試してみてください。

日記に本音をぶちまけるのも、ひとつの手

いくつかのカードを挙げてみましたが、自分をコントロールするには、とにかく自分が冷静になれることです。そして、自分がスッキリできればいいのです。

そこで、このほかにも「日記を書く」というのもおすすめです。自分の思っていることをそのまま書くだけで、かなりストレスが発散できます。

日記では「いい人」になる必要はありません。ドロドロした自分の醜い部分もすべてさらけ出して書きましょう（もちろん、誰にも見せないことが大前提です）。そうすると不思議なもので、だんだんと事態が整理されていきます。「私がいやだと思っているのは、こういうことだったんだな」と、カッときた原因が見えてくることも少なくありません。一旦すべてを吐き出し、それを眺めてみることで、状況を客観的に見て、冷静に判断できるようになります。

それ以外にも、心を落ち着ける方法としては、ウォーキングをする、いつもよりお風呂にゆっくりつかる……などもいいでしょう。いつもとはちょっと違う環境にあえて身を置き、一歩引いて考える習慣があると、自分の気持ちをコントロールしやすくなりますよ。

幼児期の処方箋 7

人はみんな違う。それを伝えるのは親の役目

わが家の「世界」しか知らないと……

家族の中は「当たり前」の宝庫です。

「朝ご飯はパン」「日曜のお昼はスパゲッティ」「裏返ったまま脱いだ服は洗濯しない」「食事は、お皿洗いまでやって終了」「畳は目まで掃除する」……など、家庭によって千差万別のルールがあるのではないでしょうか。習慣や文化というものは、そうやって引き継がれていくものでもあります。

そして、子どもにとっては、「わが家のルール」が「当たり前」です。けれども、家の外に出れば、その「当たり前」が通用しない場面に何度も出くわすこと

になります。社会で生きることは、いかにその場での常識を感じ取り、必要なところで合わせていくかということがベースにあります。
「私のやり方はこう！」と、それに固執しても、まわりは合わせてくれません。しなやかに相手を受け入れて、協働していくことに、社会で生きる面白さがあります。

そこで、赤いハコ時代の幼児期から、「人はそれぞれ違うんだなぁ」ということに気づく経験をたくさんさせてあげましょう。

それには、家族とは違う人たちの集まる場所に、積極的に子どもを出していくことです。とくに、暮らしや生活の要素が入った「異文化」体験がおすすめです。

家族ぐるみのおつき合いは、まさに「異文化体験」

たとえば、前項でも述べましたが、いくつかの家族で一緒にキャンプに行く。

お母さんとお父さんがどういうやりとりをしているかは、家庭によって違います。決め事ひとつとっても、ひとりっ子ときょうだいのいる家庭ではだいぶ異なるはずです。家庭により、食事の味付けも、ノリも、笑いのツボも違います。自分の「当たり前」が「当たり前ではない」ことを知る、これはとてもいい機会になります。

そのほか、夏休みはおじいちゃん・おばあちゃん家にひとりで泊まりに行く、親元から離れてのお泊まり企画に参加する、習い事の合宿に行く、などもいいと思います。

◯ しなやかさは、人と接した経験値が大きい

ときには、普段あまり接することのない人たちと会う機会を、親が意図的につくることも、とても意味があります。たとえば、お年寄りだったり、障害のある人だったり。

社会人になってから、お年寄りや障害のある人とどれだけ自然に接することができるかは、その経験量の多寡が決めていると思います。

「自分の『当たり前』とは、ずいぶん違うんだなぁ」と感じる経験をたくさんしてきた子は、「当たり前は変わるもの」と思えるようになります。

だから、どんな環境に置かれても、どんな人間関係の中にあっても、しなやかにその場の常識を察知し、自分を適合させていけるようになるのです。

幼児期の処方箋 8

頑張れる子の根底にあるのは、自己肯定感

何よりもほしいのは、お母さんの褒め言葉

「○○、お願い、ベランダにお布団を干してくれる?」

お母さんにそう言われた男の子が、自分の身体よりはるかに大きい敷き布団をえっちらおっちらベランダに運び出しています。ときどき布団の重みで身体が持って行かれそうになります。でも、顔を真っ赤にして布団の両端をひしと握っています。そしてようやく布団干し完了!

やり遂げたその子が、嬉しそうに振り返った先には、お母さんの笑顔があります。

「ありがとう、○○がやってくれて助かったー」
お母さんからの「愛情」というまなざしを受け取っている瞬間です。

全身泡だらけになってのお風呂掃除、ソロリソロリとすり足での食事の配膳、初めて任されるお使い……。

「ちょっと大変そうだな」と思うお手伝いでも、子どもが最後までやり切れるのは、「お母さん」という原動力があるからです。お母さんに褒めてほしくて、認めてほしくて子どもは頑張れるのです。

頑張れる子というのは、「自分は大丈夫!」という自己肯定感を持っています。そして自己肯定感の十分にある子というのは、「お母さんは何があっても、どんなときでも、絶対に自分の味方」ということを、まず疑っていないものです。

「お母さんにとってあなたは、何があってもマル」というメッセージを、日々、そのまなざしから、かけられる言葉から、子どもは栄養のようにして受け取り、いろいろなことを頑張り、挑戦していくのです。

核になるのは「私は大丈夫」という自信

炭酸カルシウムの結晶である真珠は、本来はもろいはずですが、非常に強靭で、ひび割れもしにくいのだそうです。その理由は、真珠が、いろいろな大きさの結晶と分子との複合構造だからで、大きさが統一された微結晶からは、こうした強靭さは得られないといいます。

人間の逆境力、つまり、逆境に対する耐性も、まさにこの真珠のようなものではないでしょうか。

さまざまな場面での逆境体験を積めば積むほど、その乗り越えた経験も多方面に積み重なり、やがてはたしかな逆境力となっていくのです。

そして、その真ん中にあるのは、「私は大丈夫！」という自己肯定感。自分をまるごとを肯定し、すべてを包み込んでくれる存在からの「愛情」です。

それを核にして、さまざまな逆境体験と、それを乗り越えた体験とが層を成していく。そうやって、逆境力という「真珠」は層を厚くし、強固になっていくのです。

その意味で、「お母さんからの愛情」だけでは、子どもの逆境力を育てるには、不十分です。

お母さんにただひたすら守られ、逆境から切り離されて育ってしまえば、核のまわりに「層」を成していくことはできません。それでは、社会に出てからの荒波に耐えることができず、すぐに会社をやめたり、場合によってはひきこもってしまったりとなりかねません。

自己肯定感を核に、適度な逆境体験を積ませていく。適度な逆境を幼児期から豊かに経験してきた子どもは、この層が分厚い分、多少のことではめげません。それどころか、乗り越えてこられた自分があるから、「できた自分」も想像できます。

ちょっと大変でも、つらくても「よし、やるぞ！」と取りかかれるのです。

逆境力の高め方は真珠のつくりと似ている

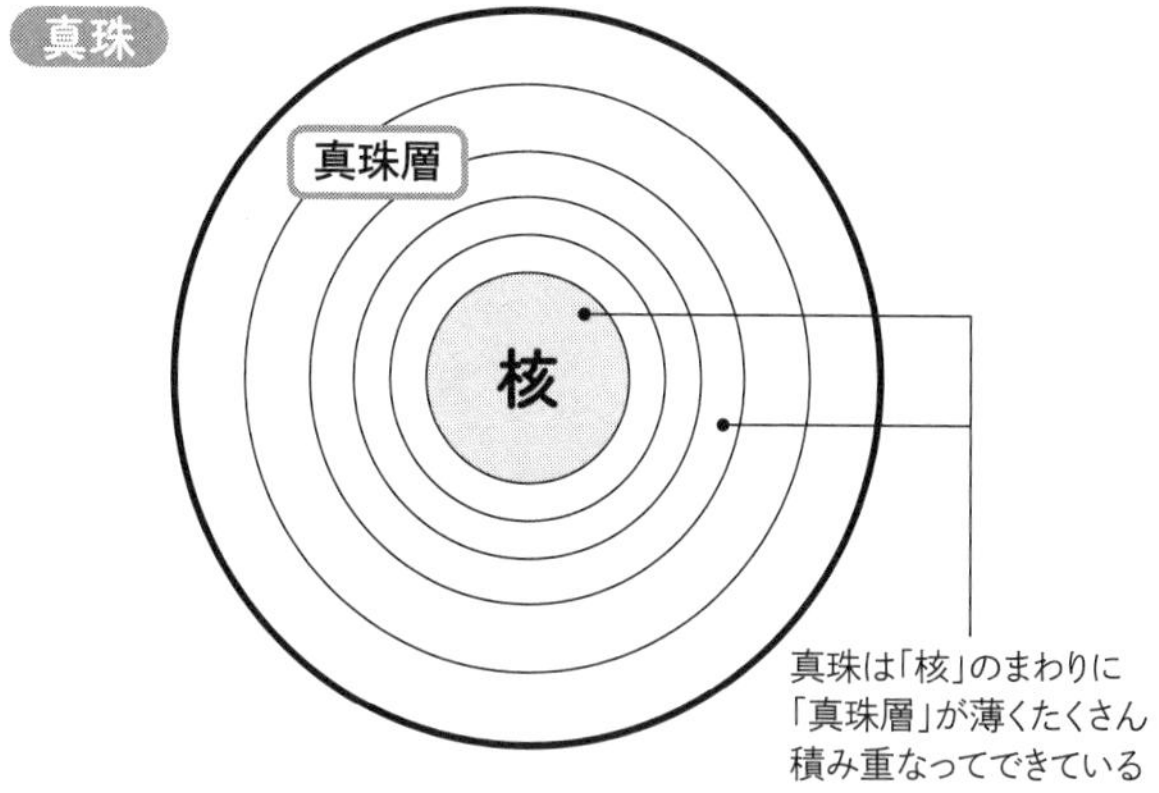
真珠
真珠層
核
真珠は「核」のまわりに
「真珠層」が薄くたくさん
積み重なってできている

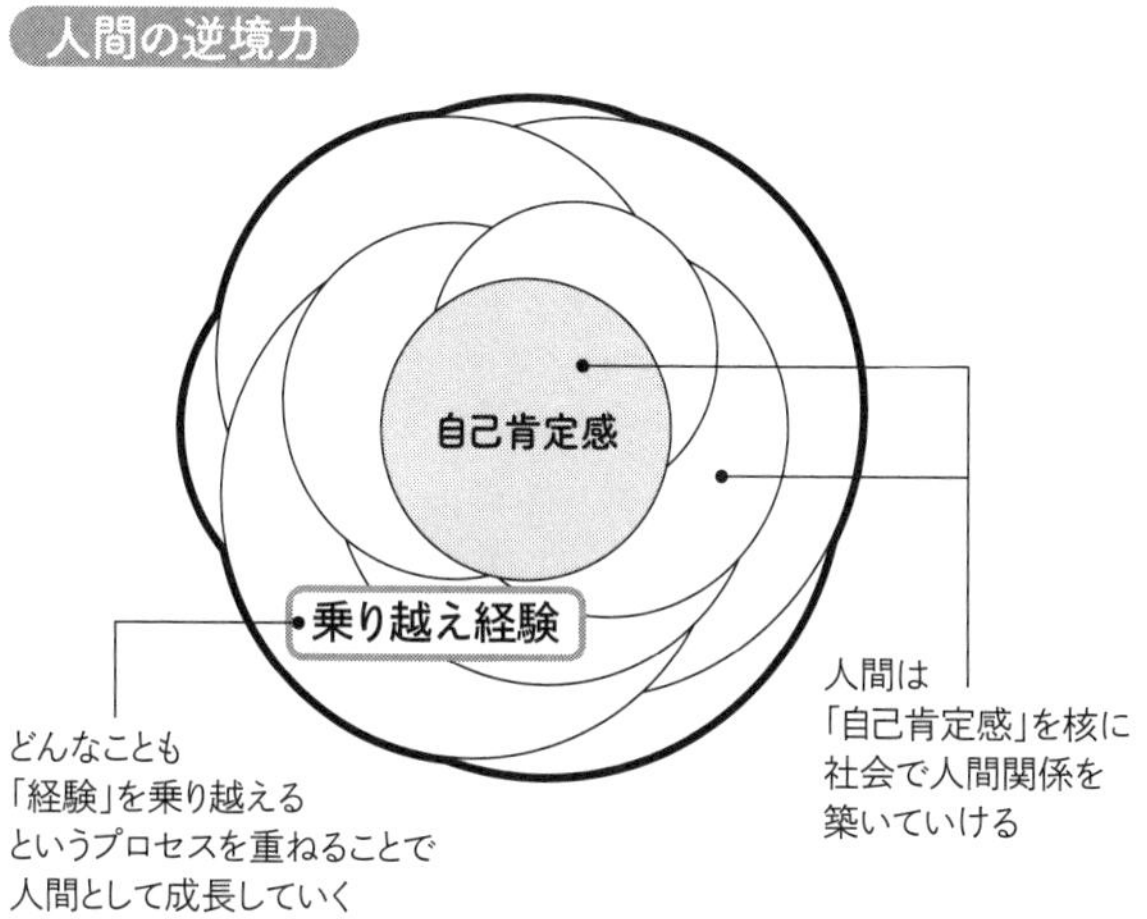
人間の逆境力
自己肯定感
乗り越え経験
どんなことも
「経験」を乗り越える
というプロセスを重ねることで
人間として成長していく
人間は
「自己肯定感」を核に
社会で人間関係を
築いていける

幼児期のいまこそ、たくさんの乗り越え経験を

「苦労は買ってでもしろ」の重み

ここまで、わが子に逆境への対応力をつけさせるための「処方箋」について述べてきました。

それをまとめると、

まず「核」となるのは、「お母さんからの愛情を心から信じられている」ということ。

そのうえで、どんなに小さくてもいいので、逆境を乗り越える経験をたくさん

させていくこと。

そのくり返しの中で子どもは、お母さんから離れて、社会的自信＝自己肯定感を強くしていける。

逆境に立ち向かうスタンスを形づくる際、とくに幼児期においては、まわりにいる大人たちの影響がとても大きい。

昔から「苦労は買ってでもしろ」といいますが、それは真実だと思います。みなさんも、自分の過去を振り返って、「あの経験があったから、いまの自分がある」と思うことがしばしばあるのではないでしょうか。

先ほどからくり返し述べているように、「つのつくうちは神の子」です。振り返らず、恨みを持たず、すぐに仲直りできてしまう幼児期のいまだからこそ、小さくてもいいですから、逆境体験、乗り越え体験を積ませてやりたいものです。

第4章

思春期の逆境乗り越え体験は一生モノの財産

赤いハコの時代との切り替えが肝心！

感情の振れ幅が大きい時期

この章では、「青いハコ」時代、つまり思春期での逆境に、親はどう対応していけばいいのかを見ていきましょう。

この時期の大きな特徴のひとつが、感情の振れ幅が大人よりも大きいことです。自意識がはっきりと芽生え、だからこそ他者が気になり、比べ、葛藤し、さまざまに深く考えるようになります。ただ、自我の確立がまだまだなので、大人から見れば些細なことでも落ち込み、悲観してしまいがちです。たとえば、「友達とうまくいかない」「好きな人に行動を起こせない」「部活の人間関係がうまくいかない」「こんなに勉強したのに、点数が伸びない」など。

こうした「目指すところに届かない」感覚によって、自分自身が打ちのめされてしまうことが多々あります。

親に反発するのは、大人になろうとしている証拠

そして、もうひとつの特徴は、親をうっとうしく感じてしまうことです。

みなさんも経験があると思いますが、思春期というのは親と距離をとりたがる時期です。先述したように、この時期の子どもは、他者を意識しはじめ、自我が芽生えてきます。子どもの皮を脱ぎ捨て、「大人」になろうとしているのです。

ところが、そこに立ちはだかるのが「家にいる大人」、つまり、お母さん・お父さんの存在です。

当たり前ですが、家の中では親が子どもより上位の存在です。大人になろうと

することの時期、下位の存在である子にとって、親は、まるで重石としてのしかかってくるように感じられます。

「なんでいつまでたってもできるようにならないの」とか「部活ばっかりやってないで勉強しなさい」など、上から押さえつけるような発言をしてしまいがちです。

ただでさえ、本能的に親をうっとうしいと感じている時期です。それに加えて管理するかのような言葉をあびせられると、子どもは強く反発してしまう。お母さんが頻繁に「テスト勉強やったの?」などと声をかけようものなら、「うるさいな!」とか「いまやろうとしてたんだよ!」と言い返してきます。

そういう時期なのに、親の側が接し方を切り替えられないと、親子の激しいバトルになってしまうことも多々あります。

思春期は、基本ができていれば、親は「ノータッチ」

講演会でもよく話していますが、この思春期をうまく乗り越えられず、親子の関係が悪化したまま社会に出てしまうと、その後の社会人生活もうまくいかないことが多いのです。

この時期に、親の側が接し方を切り替えられないと、終わりのない地獄が口を開けます。親にとっての「言っても言っても、やらない！」というイライラ地獄ももちろんですが、じつは子どもにとってこそ、地獄なのです。

親を「ウザったく」感じてしまうのはこの時期の本能です。そのことをまったく理解してもらえず、親の思う正しさ一辺倒で突きつけられたらどうでしょうか。

思春期の子どもは、いわばチョウになる前のサナギです。

自意識がはっきりと芽生え、だからこそ他者が気になり、比べ、葛藤し、さまざまに哲学している時期です。態度はそっけなくても、心の中はさまざまな感情が、それこそサナギの中で身体が変態を遂げるように、渦巻いている時期です。だから、行動が言葉に伴わないことも、まだたくさんあります。

この時期、生活面や学習面でいろいろなことに口出ししたくなるかと思いますが、基本的なことができていれば「ノータッチ」が一番です。そして、第1章でも述べましたが、学習面は「外の師匠」に任せましょう。

わが子の「健全な」反抗を、親の側が先に切り替えて、どんと受け止めてやりたいものです。

ここで、思春期の子育てでの心構えをまとめておきます。読み進める前に、もう一度意識してみてください。

①親の側が、先に対応を変えるべき

「最近言うこと聞かなくなってきて」と悩むのは、親の側が変われていないのが原因です。

②距離を詰めすぎないようにする

思春期特有の親子の距離感というものがあります。接し方を切り替えず、これ以上近づいてほしくない、というラインを踏み越えつづけると、親子関係は悪化するばかりです。

③最終的には、お母さんからの愛情を望んでいることを忘れずに

どんな子でも、大人になっても、頑張る人の根底にあるのはお母さんからの承認です。思春期に入って、話し方がつっけんどんになっても、態度が悪くなっても、「最後に帰るところは、お母さん」という自信を、お母さんご自身が持っていてください。

さて、次項以降、青いハコ時代の「逆境ビッグ4」を挙げ、それぞれの親の接し方や心構えを述べていきます。

逆境1 フラれた

失恋体験は自分の内面を磨く機会

○「外の師匠」に出会える機会をつくるのが親の役目

さて、青いハコ時代の逆境にはどのようなものがあるでしょうか。私が考えるこの時期の「逆境ビッグ4」は、次の通りです。

①フラれた
②友情にヒビが入った
③部活でうまくいかない

④成績が伸びない

前項で、「逆境ビッグ4」での親の接し方や心構えについてお伝えしましたが、この時期の子どもが親に対して「こんなことがあってつらい」と打ち明けてくることはあまりないと思います。なにせ親をうっとうしく思う時期ですからね。

したがって、第1章でも述べましたが、この時期の逆境への対応は、「外の師匠」に任せるのが一番です。たとえば、塾の先生だったり、習い事の先生だったり、スポーツチームのコーチだったり。

その意味でも、「外の師匠」に出会える機会を積極的につくってあげるのが、この時期の親の役目ともいえるでしょう。

とはいっても、逆境にわが子が悩んでいることに気づいたら、やはり親としての適切な接し方があります。それについてこれから見ていきましょう。

まずは、①の「フラれた」からです。

「外見よりも中身！」と言い切ってあげよう

花まるグループの進学部門である「スクールＦＣ」の授業後、講師のもとに、中学１年生の男子があらたまった様子で「個別でお話があります」と言ってきました。それまで厳しく指導してきたため、「やめたい」と言ってくるのかなと思っていたところ、その子から出てきたのは、「今日、生まれて初めて告白をして、フラれました」という言葉でした。

この講師は思わず「よくやった！」と頭をなでてしまったそうです。この子は「全然よくないですよ！」と言いつつも、人に話せたことで少しスッキリしたようでした。

大人だってそうですが、思春期の子どもだって、フラれるのはつらいものです。というより、大人に比べて心の振れ幅が大きい思春期の子どもですから、その落ち込みは大人以上かもしれません。

自分の存在全体が、否定されてしまった気持ちになったり、「ああ、もう人生終わりだ……」と絶望しかけてしまったり。

とくに、思春期に起こりがちなのが、フラれたことをきっかけに、「オレは顔が悪いから」「足が遅いから」「背が低いから」と、外見的な理由で自分を「ダメ」だと決めつけてしまうこと。

この誤解はなんとしても解いてあげなければいけません。

そもそも社会に出てからの「力」になるものには、背の高さや顔、運動神経といったものは関係ありません。それは恋愛においても同じです。

だからこそ、親は、「つき合っている中で、『中身』しか関係なくなってくるんだから。大切なのは、絶対『中身』のほうだよ」と言い切ってほしいのです。

もちろん、外見を武器にして生きていく人たちもいるかもしれませんが、それはごく限られた人だけでしょう。社会に出てから圧倒的に大事なのは内面、中身の実力なのですから。

たくさんフラれて、たくさん自分を磨いていく

フラれるというのは、「私はこう思っているのに、なんであなたはこうしてくれないんだ！」ということですから、いってみれば異文化経験の極みです。

恋愛は、盲目的になってしまう分、反動も大きく、なかなかこだわりも捨てられないものです。相手に受け取ってもらえない自分の想いを持てあまして、苦しいのだけど、そこから抜け出す方法はない。そうやって悩み抜きながら時間を過ごし、ようやく「次！」と切り替えられるのは、自分しかいません。

思春期の子どものほとんどは、失恋の相談を親にしてこないでしょう。ですが、もし、向こうから相談してきたら、前述の「大切なのは『中身』だ」と言い切るのに加えて、この抱え切れないつらさも支えてあげてほしいと思います。

とくに、私自身の経験からいっても、男子はこうしたつらさをひきずりがちで

す。逆に女の子は、比較的にしなやかに「次!」と進めるように思います。

失恋はつらいものです。「好き」という情熱があふれればこそ、つらくてつらくてたまらない。

だからこそ、私は「どんどんフラれたほうがいい」と思っています。

もちろん、フラれつづけるのはあまりよくありませんが、「つらいなぁ」と思う経験をした分、葛藤します。その分、内面が磨かれていきます。

いまはつらいかもしれませんが、じつはフラれた分、未来は輝いているのです。

配慮ではなく、確信を持って、そうしたメッセージを子どもに伝えてあげてください。

逆境 2

友情にヒビが入った

子どもの解決できる力を信じて、見守る

人間関係での悩みが一気に増える

青いハコ時代である思春期は、人間関係も不安定に揺れ動きます。感情の振れ幅がとりわけ大きい時期のため、ふとした瞬間にかけられた言葉を拡大解釈して気にしすぎてしまったりします。また、「先輩・後輩」という、これまであまり経験したことのない関係が入ってきて、人間関係がより複雑になっていく時期でもあります。

そのため、人間関係に関する悩みも多くなっていきます。女の子の場合、小学

4年生くらいから人間関係の悩みが出てくる子もいます。

ここで、私が中学1年生のときのエピソードをご紹介しましょう。

当時の私は野球部に入っていたのですが、ひとつ上の中学2年生の先輩のしごきがとんでもなくきつかった。「うさぎ跳び10周！」なんてことを、毎日のように言われるわけです。部活が終わるころには、1年の部員のほとんどが疲れ切って立てないくらいでした。

そこで、あるとき、1年生の部員みんなの間で「こんな部活、もうやめよう」という話になりました。しかし、私はそのとき、「いや、つづけよう」と言ったのです。自分自身に負けたくなかったのでしょう。

この発言はほかのメンバーには気に障ったようで、それからしばらく、1年生の部員全員が一言も口をきいてくれない状態がつづきました。

ある動きに加担するかどうかで迷う。これはまさに社会の縮図です。さらに、そのときの自分の決断で人間関係にヒビが入る。

「部活が世界のすべて」というような時期に、こうした体験ができたことは、いま振り返れば財産です。なにせ社会に出たら、そんなことだらけですから。自分はどうすべきかを決めるのは自分ですし、そのためには自分なりの判断基準をもつしかないのです。思春期の今は、その練習をしているのだと捉えてください。

友達とケンカして何日も口をきかないなど、わが子が不安定な人間関係に陥り苦しんでいるとき、親としてはなんとか手を差し伸べたいと思うことでしょう。

しかし、この本でくり返し述べているように、基本的に親は介入しないほうがいいのです。

そもそもこの思春期の時期、子どもは基本的に親に対してあけっぴろげに「いま、○○とケンカしてて……」などと打ち明けてはくれません。ひとりで葛藤していることがほとんどです。

そして、その葛藤の中で、子どもはこの逆境を乗り越えようと頑張っています。親があれやこれや手を出さなくても、自分でなんとか解決していくものなのです。

子どもはそうした力を持っています。

悩める子どもは、親のリアルな経験談を知りたい

ただし、子どもから相談してきたり、あるいは、あまりに悩みが深そうだったりした場合には、次のような順番で接してあげてください。

ステップ① 聞き役に徹する

距離をつめすぎてはいけませんし、また、この時期の子どもは、上から押さえつけるような言われ方をされるのをとても嫌います。みなさんも覚えがあると思います。

そこで親がすることは、「聞く」に徹すること。まずはわが子の話にじっくりと耳を傾けてあげてください。

ステップ② 自分の経験談を正直に話す

子どもは、自分の話を聞いてもらいたいのと同時に、お母さんやお父さんの経験談（＝本音）も知りたいのです。だから、わが子の話を聞いた後は、自分の経験を正直に話してあげましょう。

大事なのは、正論やアドバイスよりもリアルな話。そこから子どもはいろいろ考えるし、時に活路を見出すこともあります。

ステップ③ 「あなたの味方だよ」と伝える

最後に、「何があっても、私はあなたの味方だよ」ということを伝えましょう。そして、「あなたなら大丈夫」と太鼓判を押してあげてください。

こうしたメッセージは、照れずに、目を見て、まっすぐに伝えることが大切です。どんな年齢になっても、子どもは、家族からもっとも信頼されたいと思っています。

逆境3 部活でうまくいかない

「何のために部活をやっているのか」を考える機会にする

補欠だった人は社会で成功している

青いハコ時代には、「部活」の悩みも現れてきます。

その中でとくに大きいのは、レギュラー争いに落ちることではないでしょうか。スポーツの強豪校の部活だと、メンバーの8割がたがレギュラー落ちなんてこともあります。レギュラーになれないのは、運動系に限りません。吹奏楽部であれば、コンサートマスターやソロパートに選ばれる人は限られています。

部活によっては、レギュラーになれる・なれないは、これまでの習い事経験の有無だったり、体格の違いだったりが大きく左右する場合もあります。

レギュラーになれないことで、「何のためにやっているのかな……」と意気消沈してしまうことは、一度や二度あるはずです。

こんなときこそ、大人の出番です。

わが子に対して「いまあなたが経験していることには、ものすごい価値があるんだよ」と言い切ってあげてください。

いま部活を通して経験している「成功」も「挫折」も、それは大人になって社会に出てからの財産になります。そうした経験が社会を生き抜いていくための力になるのです。

私はよくこう言います。「補欠だった人は社会で成功している」。

どれだけ努力しても、報われないことはあります。社会に出たら、そんなことだらけです。むしろ、そこから何をどう考えたかということにこそ価値があるとすら言えます。

○「やめたい」と言ってきたら、「ちょっと待て！」

そして、もうひとつ、簡単にやめさせないことです。

「レギュラーを取れなかったからやめる」と、考えなしに逃げようとする子どもに対して、「ちょっと、待って！」とストップをかける。

そして、この機会に、「何のために部活をやっているか」ということを、子どもに考えさせてください。

たとえば、たとえレギュラーになれなくても、同じ時間を濃密に過ごした仲間を持てたということは、一生を彩る宝物となってくれます。「私はこれに打ち込みました！」と言えるものがひとつでもあれば、それはその後の自信につながっていきます。

大切なのは、何も考えることなしに「逃げ経験」にさせないということです。

考えなしに逃げてしまったという経験は、その後、その人にとって負の経験になってしまいます。自分で自分をごまかすことはできません。親はわが子に、そうした「負の経験」を積ませないことです。ハナから「あきらめるな!」と言えばいいというものではありません。「なぜ、やめるのか」「なぜ、あきらめるのか」について、一度立ち止まって考え、言葉にする手助けをすることが、その子の人生にとっての「次」につながるのです。

逆境4

成績が伸びない

「頑張ってるね」の承認が、子どものやる気を引き出す

○「気にしてない」と言う子ほど、悩んでいる

中学生になると、定期テストがはじまります。この時期の子によくあるのが、親や友達の前で「オレ／私、別に点数とか、順位とかに興味ないし」といった発言。そんな言葉を聞くと、親としてはイラッとしたり、悲しくなったりしますよね。

しかし、これは成績で悩んだり落ち込んだりする姿を親や友達に見られたくないがゆえのカモフラージュ。

そんな子をいざ「外の師匠」が呼び出して、「今回の点数、あまりよくなかったんだって？」と聞くと、しばらく黙ってから「そうなんです……。まずいんですよ……」と本音の返事が返ってきたりします。

つまり、親や友達の前では、子どもは強がってしまうものなのです。「全然気にしていないよ」という態度を取っている子ほど、じつは真剣に悩んでいたりします。友達、部活、恋愛、勉強と、一見華やかに見える中学校生活ですが、じつは山あり谷ありの波瀾万丈な時期です。

そんな中で、思春期を迎えた子どもたちは、自分と他人を比較して苦しんだり、葛藤したりしはじめます。「自分って何なんだろう」と深く考えはじめます。思春期の子どもたちは、自分自身の内、そして外で「闘っている」のです。

「やらされ感」から、成績が伸びることはない

では、親はどう接すればいいのでしょうか。

お母さんやお父さんから言ってあげてほしいのは、「頑張ってるね」という承認の言葉です。悩んでいる子どもがほしい言葉は、それだけです。それを聞いたらホッとして「頑張ろうかなぁ」と思えるのです。

学校では成績が貼り出され、それでも友達の前では「へっちゃらさ」とばかりに強がり、塾の先生からは厳しい言葉をもらう。そうやってつらい気持ちを抱えながら、子どもたちはわが家に戻って来るのです。

そんなとき、お母さんから「何なのこの点数は！」と言われたら、どうでしょう。「よし！　頑張るぞ！」とは思えませんよね。

親から、「まだやらないの？」「なんで成績が上がらないの！」「いつになったら本気でやるの！」など、勉強のことで口出しされ、やらされ感で勉強をやっている子は、最後の最後まで成績が伸びることはありません。中学受験でも、高校受験でも同じです。なぜなら、そこには主体性がないからです。

試験を受けるのは親ではありません。その子自身の中に「自分の勉強だ」という意識を根づかせなくては意味がないのです。

お母さんからのエールが思春期の支え

花まるグループの進学部門である「スクールFC」で高校受験をした子たちを集めて、アンケートをとったことがあります。その中に「いま一番感謝している人は誰ですか?」という質問がありました。

ほとんどの子どもが書いていたのが、なんと「お母さん」。学校の先生でも、塾の先生でもなく、「お母さん」だったのです。

そして、そこに書かれていたのは、お母さんたちのエールが支えになったということ。

「テストで点数が悪いときも、部活で結果が出せなかったときも、いつだって『頑張ってるじゃん! 大丈夫!』って言ってくれたのは母でした」

「イライラしていたときとか、落ち込んでたときとか、いつも母が『頑張れ』って励ましてくれました。こうやって結果を出して、ここにいるのも、母のおかげだと思っています」

「放っておいてくれて、距離感がちょうどよかった」

「うるさくて、ぶつかり合ったけど、やっぱりいろいろ考えてくれていた」

いかがでしょうか。お母さんという存在が、思春期の子どもにとってもどれだけ根源的なものかが、このアンケートから透けて見えますよね。どんなにそっけない態度をとっていても、心のよりどころは、お母さんなのです。

子育てコラム

親の仕事を見せる

106ページからの「子育てコラム」で、妻の、夫へのイライラについて述べましたが、そのはけ口となるのは、たいてい子どもです。

「ディズニーランドに連れていってくれるって言ったのに、ウソツキだね」「パパって、ホント、何にもしてくれないよね」という具合に、妻は子どもの前で、「愚痴」という名の夫への「毒汁」を吐きつづける。

こうなると、子どもにとっての「お父さん像」は小さくなっていくばかりで、尊敬などできるはずがありません。しまいには、「あんなヤツ、たいしたことない」と、家庭内暴力の温床になってしまうことも。

小学5年生のR君の家も、まさにその状態でした。その結果、ある日、R君がお母さんに暴力をふるうようになったのです。

そのことをお母さんから相談を受け、私が提案したのは、「親が働く姿を見せてください」ということでした。

自分を食わせてくれている親の懸命な姿、輝く姿を子どもに見せる。そうした機会を与えることは、子どもにとって非常に重要です。とくに、お母さんによって、子どもにとってのお父さんの存在感が「豆粒」くらいになってしまった家庭では、ぜひともお父さんの働いている姿を見せるべきです。

このお母さんはそれをさっそく実行。このご家庭のお父さんは大工さんでした。そこで事情を話しお父さんが働くマンションの建設現場を見せてもらうことにしました。

するとそこには、普段見たこともないお父さんの姿がありました。

工事現場は命の危険と隣り合わせ。その場に流れる気迫のすごさ。「こんな厳しいところで、お父さんは仕事をしてるんだ……」。

それ以来、その男の子の暴力はピタッとやんだそうです。お父さんは、本当は強くて輝いているということに気がついたのですね。

思春期に身につけさせたい俯瞰する力

俯瞰できる人は前に進める

逆境に置かれているとき、ただダラダラと悩んでいるだけで、一向に前に進めなくなる人がいます。こういう人たちを見て感じるのは、悪い状況をやたら過大視する、あるいは過剰に悲観するという傾向がある、ということです。

つまり、いまの状況を客観的な視点で、正確に捉えようとしていないのです。

逆境にあっても、その困難を乗り切ることのできる人はみな、「ダメな自分」に落ち込んでいたりしません。一歩引いて、いまの自分の状況を客観的に見ようと努めます。

そうした視点があるゆえに、たとえば、失敗をしても、その失敗のどこまでが自分に原因があり、どこまでが外的要因なのかを正確に分析することができます。その結果、適切な対応策を見つけ出し、行動することができます。

彼らは、むやみやたらに悩んでいても進まないことを知っているので、不要に落ち込まず、改善策を出すのも、そして回復も早いのです。

この、一歩引いて、いまの自分の状況を客観的に見るために必要なのが「自分を俯瞰する力」です。

これは、悩みに多くぶつかるこの「青いハコ」時代、思春期に、うまくつかんでほしい技術のひとつです。

人は誰でも傷つくこともあるし、落ち込むこともあります。そこをうまく乗り越えるため、大いに活用してほしいのです。

○「ミニ天使」で子育てのイライラを解消しよう

ちなみに、自分を俯瞰することは、子育て中のお母さん・お父さんにも有用です。

子育てをしていれば、わが子に罵詈雑言《ばりぞうごん》を浴びせてしまうようなこともあると思います。「言っちゃダメだ」とわかっているのに、自分を止められない……。

そんなときこそ、一歩引いて自分を見つめてみてください。

そのコツとして、私がおすすめしているのが、イライラしている自分を上から見る「ミニ天使」を持つこと。

「あはは！　またやってるよ！」「あ〜あ、今日もやっちゃったね」という具合に、わが子を叱っている自分を上から「ミニ天使」が見て、滑稽がったり、面白がったりしている様子をイメージするのです。

お母さん方と面談をしていて、「この方は、なんだかんだ言って、子育てを楽しんでいるなぁ」と感じるお母さんは、総じて、自分の失敗も笑いのネタにしていたりします。それはとても健康なことだと思います。

子育ても仕事も、うまくいかない自分を笑えるくらいがちょうどいいのではないでしょうか。

「いつも通りの家」こそ、思春期の子どものよりどころ

生まれて初めて、自殺しようと思った

自分を俯瞰する力を思春期の子どもには身につけてほしいと述べました。ただ、悩み深きこの時期、そう簡単にはいかないでしょう。具体的な方法をお伝えする前に、おうちの方にぜひ意識しておいていただきたいことをまずはお伝えします。

私自身の、思春期の体験談です。

小学5年生のころのことです。

当時、私は自分の外見のことで悩んでいました。頭がとても大きいのです。サ

イズの合う紅白帽がどのお店を探してもなかったくらいです。道ですれ違う人から「アタマ、大きいー！」と言われたこともあります。

5年生になるとそのことでいじめられるようになりました。

ある日のことです。私が学校に着くと、伝令係のような子が「高濱が来たぞ！」とクラス中に伝える。そして、教室に入ってきた私に向かって全員が「でこっぱち！　でこっぱち！」と合唱です。なんと初恋の女の子まで……。

生まれて初めて、自殺しようと思いました。

その日、「もう死のう」とトボトボと家に帰ると、私の様子がおかしいことに母親はすぐに気づきました。けれども、そのとき母親が私にしてくれたことは、ただひとつ。

「ちょっとおいで」と私を呼び、「言っとくけどね、お母さんは、あんたが元気ならよかとばい」と言って、ギューッと抱きしめてくれたのです。

この後すぐに、いじめがなくなったわけではありません。でも、私には安らぐ家がありました。その中で私は少しずつ強くなっていきました。

相変わらずつづく「でこっぱち」コールの中でも、「あいつ、今日は立ち上がるのが遅いな」なんて冷静にチェックを入れていたくらいです。

いじめを笑いに変える

そんなあるとき、私は児童会の副会長に立候補します。

その選挙演説でのこと。全校児童約1500人を前にして、ピンとひらめきました。そこで私は開口一番、こう言ったのです。

「おはようございます！　頭のでっかい高濱正伸と申します！　みなさんの2倍、3倍は脳みそがあります！」

みんなから「おおー！」という反応。さらに、お辞儀をしたら頭がマイクにゴン！　これがバカ受けで全校児童が大爆笑です。

すると、なんと次の日からいじめはピタッとやみました。笑いに持っていかれると、いじめる側としてはいじめ甲斐がなくなってしまうのですね。

つらかった時期を支えてくれたのは間違いなく、母のいる家でした。

一度ギューッと抱きしめてくれてからは、何も特別扱いせず、「いつも通りの家」でありつづけてくれたのです。だからこそ、私は家に帰れば安らげたのだと思います。

これとは逆に、毎日のように「今日は大丈夫だった？」などと一緒に心配されたりしたら、あるいは、いじめの首謀者の子の家に乗り込んで事件沙汰にされてしまっていたら、家は私にとって安らぐ場所ではなくなっていたでしょう。


悩み苦しんでいるときは、もちろんとてもつらいです。でも、その苦しみから抜け出してみると、「お母さんやお父さんがいつも通りでいてくれていて、よかったな」と子どもは思うものなのです。

思春期になると、子どもは親になかなか本心を見せたがりません。それと同時に、なかなかすぐには変われず、親からすればグズグズと停滞しているように見え、つい口出ししたり、手っ取り早いアドバイスをしたくなったりすることも多いと思います。

けれども、最後に心のよりどころにしているのは、家族です。そうであればこそ、親は思いを馳せ、「ほっと安らげるいつも通りの家」を貫いてほしいと思います。

「つらくても、やりきった」経験を、ひとつでいいから持たせよう

やりきった経験のある人は、次もやりきれる

私が弊社の採用面接でよく聞くのは、「あなたがこれまでに『やりきった』と思える経験を教えてください」ということです。

こういう質問にすぐ、「○○です！」と確信を持って答えられる人というのは、見どころがあるなと思います。そしてそれは、その人の目や言葉遣いでだいたいわかるものです。

では、なぜ見どころがあるのでしょうか。

「やりきった」という経験がもたらす達成感は、身体が覚えているものだからで

す。

過去の経験は、その人の生き方全体に波及していきます。言い換えれば、「やりきることへの意欲」だったり、「やりきるための忍耐力」だったりというものは、その人のやりきった経験の総量によって強化されていきます。

過去にやりきった経験があれば、その感覚を手がかりに、社会に出ても頑張ることができるのです。

さらに、こうした経験を積み重ねていると、いま目の前の逆境に対しても「やりきれる」と確信を持つことができます。

「ここはしんどいけど、まだ頑張れる！」「大変だけど、やるしかない！」という具合です。これもまた、自分を俯瞰できている、ということです。

「あなたなら大丈夫」で励ます

大人になってもやりきれる人でいるために、そして、自分を俯瞰できるようになるために、思春期に、「やりきった」という経験を積ませてあげてください。

どんなものでも構いません。部活でもいい。勉強でもいい。習い事でもいい。「とことん向き合って、自分の限界までやれた」という経験をさせてあげてほしいのです。

それをサポートするために親ができることは、「つらいから」という理由で簡単にやめさせないことです。

「あなたなら大丈夫」と励まし、やりきることを応援してあげてください。

明らかに不可能なことを除いては、たいていのことは自分が「無理」と思ってしまったら、その時点で「無理」になります。やりきるには、「いや、自分ならできる！」と踏みとどまれるかがカギになります。

私自身、中学生のときは野球部でしたが、入部当時の5月は練習が厳しすぎて、「つづけるのは無理だ」と本気で思っていました。けれども、「水を飲めば、またやれる」と思い頑張り、またつらくて水を飲み……をくり返しながら、やり抜きました。

若さゆえのエネルギーもありますが、それ以上に、「とにかく頑張ってみよう」と思えたからつづけられたのでしょう。

そして、そう思えるかどうかは、それまでの「やりきった経験量」が決め手になります。

「あれもやりきれたのだから、これも大丈夫、私ならできる！」。そう思える経験が、その人を次のチャレンジへと駆り立てるのです。

子育てコラム

やりきる経験がもたらしたもの

小学5年生のY君は、強豪の野球クラブチームに所属しながら、花まる学習会に通っていました。ところが、野球クラブチームの監督からも「野球に専念するならば、ほかの習い事はするな」と言われ、私と何度も話し合いをした結果、野球一本にしぼることになりました。彼自身が考え、「やっぱりオレは野球が好きだ」という結論を出したのです。

花まる学習会をやめる際、私は彼と「最低限の勉強、つまり学校の宿題は必ずサボらずにやること」という約束をしました。

彼はその言葉をしっかりと受け取ってくれたようで、それからすぐに彼から受け取ったお別れの手紙にも、「僕は野球も頑張りますが、先生との勉強の約束も守ります」と書いてありました。

野球が大好きだからこその葛藤。この葛藤は、間違いなくY君の人生にとって財産になったことでしょう。

その後、Y君の野球クラブチームは地区大会、さらには県大会でも優勝したそうです。ここまでやり抜けたら、もう一生モノの成功体験です。

加えて、彼のお母さんが教えてくれたのは、野球クラブチームは小学6年生の夏で終わるため、残りの小学校生活は勉強中心に切り替えるとのことでした。私とした勉強の「約束」についても頑張るつもりだと言っていたそうです。

「野球」をやりきり、そこで結果を出したいま、もう私との「約束」ではありません。「野球」というものを通じて、Y君自身が考え、「自分には勉強が必要だ」と思い、出した答えなのだと感じました。

「やりきった」というものがひとつでもあると、それを土台に、そのほかのことでも「やりきる」という感覚を持って臨むことができると、ほかの卒業生を見ていても感じます。

「日記」を書き、いいこと・悪いことすべて吐き出す

心の中を言葉にすることで、気づきが生まれる

「日記」を書くことも、自分を俯瞰するいい機会になります。

思春期はとりわけ感情の振れ幅が大きい時期だとお伝えしました。

たとえば、中学生くらいになると、異性のことばかり際限なく考えていることもあります。友達にいやな一言を言われて、絶望的な気持ちになることもあります。「自分なんて、価値がないんだ」とか「こんな世界からいなくなってしまいたい」なんて気持ちに駆られることもあるでしょう。

そんなときこそ、子どもには日記を書いてもらいたい。自分にとってのいやな

ことやつらいことなどを、くまなく日記に書いていき、人間誰もが持っている、ドロドロした部分をすべて吐き出すのです。

そうやって、ありのままにすべてを綴っていくと、本当の自分が見えてきて、気持ちが落ち着いてきます。「イライラしていた本当の理由はこれだったんだな」とか「○○くんもつらかったんだな」「できるようになる方法なんてもうないと思ってたけど、これは試せるかもしれない」など、自分の中にあるものを言語化することで、世界のことや、自分のことをピッタリ表現できる言葉が見えてきます。

これは、「自分の言葉を持つ」ということです。

自分で自分をだまさない、自分に正直な言葉を持つことができると、人を動かすことができます。相手にわかってもらうことができます。

それが、社会に出てから、大きな力になるのです。

日記を書くとき、「今日はとくに何もなかった」という書き出しでもいいでしょう。実際、そういう日が何日もつづくと、「じつはそんなことなかった」と気づけたりします。

言葉にすることで、「分析できて気持ちいいな」「前に進めるな」といった感覚が持てたら、それは一生の財産となるでしょう。逆に、言語化できない人は、前に進めません。そのことは、うちの社員にもよく言っています。自分を客観的に見つめたいのであれば、まずは言葉にしてみることが大事なのです。

親はわが子の日記をのぞかないのが大原則!

親は、わが子に日記を書く習慣を持てるよう促していってあげましょう。

ただ、先ほどからくり返し述べているように、思春期になると子どもは親の言うことをなかなか聞かなくなるので、「外の師匠」に根回しをして「日記を書いてみたら?」と言ってもらうのもいいでしょう。

また、幼児期から「書かされ」ではなく、正直に書きたいことを書くという経験を積んでいる子は、思春期にも日記に手が伸びやすくなります。

なお、お母さん・お父さんに必ず守っていただきたいのが、わが子が日記を書いているときは、絶対にのぞかないこと。もちろん、書いたものも、です。日記を書いている時間は、その子だけのものです。そして、書いたものもその子だけのもの。わが子が日記に何を書いたのか見たくなる気持ちはわかります。しかし、親が勝手に自分の日記をのぞき見たことを子どもが知れば、親子の信頼関係は確実に崩れます。そのことは、しっかり肝に銘じてください。

自分を俯瞰する 3

読書でものの見方の幅を広げる

本を通して、先達の言葉と出合う

読書は逆境のときの心の支えになります。私自身、思春期には読書によって大いに助けられたものです。

12～13歳のころ、私は、何かと干渉してくる母親をとても疎ましく思っていました。そのとき、たまたま読んだのが、北山修さんの『戦争を知らない子供たち』（角川文庫・現在、入手不可）という本でした。

読み終わってからは、私は自分の気持ちがスッキリしていることに気がつきました。母親に対する自分の感情がわかった気がしたのです。「だからあんなに母親が小さく見えるんだ」「これからは、母親を『いたわる』という目で見なければ」。そんな気持ちになっていました。

このときの私の考えは正しくなかったかもしれません。それでも、先達の知恵に偶然触れることができ、そして同時に暗澹たる気持ちを救ってもらえたということは、真実です。

本を読む習慣を持つと、こうした「先達の言葉」と出合える可能性が高くなります。

誰にも言えずにひとりで抱えている悩みについて、まるで知っていたかのように、必要なことを示唆してくれる本。

自分では考えもつかないスケールで、違う切り口を見せてくれる本。

本を読むことで、時間と空間を超えた友人ができます。その人の生き方を変えることすらあります。

読書とは、自分を俯瞰するためのとても大事なツールになり得るのです。

思春期に運命の一冊に出合えたらラッキー

では、どうすれば、わが子に読書の習慣をつけさせることができるか。

幼児期は比較的簡単です。

まず、親が読書の習慣を持つことです。食事の準備をする時間になっても没頭しているくらい、親が本を好きであれば、子どもも「本って、すごく面白いものなんだなぁ」と感じ、本に興味を持つようになります。

もうひとつが、「読み聞かせ」です。お母さんやお父さんが読んでくれる物語世界に没頭することで、子どもは文字に慣れ、読書を身近なものに感じやすくなります。

一方、思春期の場合、親がいくら「読書をさせたい」と思っても、親の側から意識的にできることはほとんどありません。

やれることといったら、わが子の悩みに応え得る、骨太な本を家に置いておくくらいでしょう。その意味で、日記と同じく、幼児期のうちに、習慣づけをしておくのが得策です。

ただし、家に本を置くというだけでも、つづける価値はあります。本が身近にあれば、「読もう」という気持ちにもなりやすいですからね。文庫本などは手にとりやすく、おすすめです。

そして、本を読む中で、誰にも言えない悩みから救ってくれるヒントが「本」にはあるのだという読書の醍醐味に目覚めれば、自然と読書の習慣がついていくでしょう。

笑わせ上手は落ち込みすぎない

自分の失敗を「笑いのネタ」にできる人の強さ

花まる学習会では、毎月1回、特別授業があります。

そこでは「算数大会」「国語大会」などいくつか種類があり、たとえば国語大会であれば、言葉に関するオリジナルゲームを、異学年ごちゃまぜのチームでやっていきます。総合得点のもっとも高いチームが優勝です。

高学年のクラスでは、4年生から6年生までが混ざって1チームとなってゲームをするのですが、その中で必ずひとりやふたり、笑わせ上手な子どもがいます。

「フレーフレー!」と応援のポーズをして盛り上げたり、気まずい瞬間があったら即フォローをしたり、自分が失敗したときには、それをすぐ笑いに変えられたり。

こうした子どもは、まわりをパッと明るくする力を持っています。

こうした笑わせ上手な子どもというのは、相手を笑顔にすることに専念していますから、落ち込みすぎるということがありません。

「笑わせてやろう」という気持ちがあるので、自分の失敗すらもネタになります。ネタにできるということは、自分やまわりのことを俯瞰できているからです。

だからこそ、笑わせられる人は、しなやかに強いと私は思うのです。

「笑い」の習慣がある家庭とは？

笑わせ上手というのは、育った環境もひとつの要因としてあると感じます。つまり、家庭内で親が笑いをつくり出せていることも、大きいと思うのです。

単なるテレビ番組でのギャグに終始せず、言葉と言葉のやりとりでユーモアを感じさせる習慣があるか。「失敗しちゃった！」というときに、まわりに面白おかしく話せるか。そんなことをごく自然に親が家庭で行っている姿を見せてあげるだけでも、違ってくるでしょう。

第5章

へこたれない子に育てるための10の心がけ

親は「もめごと大歓迎！」くらいのスタンスで

もめごと経験は必ず人生のこやしとなる

ここまで、赤いハコ時代（＝幼児期）と、青いハコ時代（＝思春期）に分けて、陥りやすい逆境とその対応策について述べてきました。

この本のしめくくりである第5章では、幼児期・思春期にかかわらず、親ならば持っておいてほしい、子育てにおける心構えや方針となるものを10個、提示したいと思います。

逆境力づくりについての私の基本的な考え方は、「苦労は買ってでもしろ」です。

いまどきの親の世代の多くが、「もめごと」をできるだけ自分たちのまわりから排除する「除菌主義」で育ってきてしまっています。そうした人たちが子育てをしているのが、いまの日本です。だからこそ、「苦労は買ってでもしろ」という言葉は、強い意味を持つように思います。

試練や逆境などの「もめごと」経験がどれだけ子どもの「こやし」になるかを、私たち大人はあらためて考え直さなければなりません。

つらい経験があり、それを乗り越えた経験こそが、子どもが社会に巣立ったときに、尽きない泉のごとく湧き上がる「生きる力」となるのです。

親が心がけること 1

体力をつけさせる

体力は、頑張れる人の絶対条件

仕事でも、子育てでも、「ここぞ！」という頑張りどころがありますよね。

たとえば、仕事だったら、急なスケジュール変更で、「今日は徹夜で仕上げなければ」ということだってあるでしょう。子育てはもっと大変です。子どもが赤ちゃんのときは夜泣きで、親は数時間も寝られないということもあります。

そうした、頑張りどころを支えるのが「基礎体力」です。

世の中には、すぐに疲れてしまう人がいます。その人は、「気力」がないというよりも、頑張る「体力」がないので、踏ん張れた経験がないのです。

一方、弊社の社員を見ても、「ちょっときついかな」という仕事をふっても、「やります！」と頑張れる人は、男性女性にかかわらず、みな体力があります。

必死にやらなければいけない局面で、「もうちょっと頑張ろう！」と思える体力があるか。これは、社会人に求められるひとつの能力だと私は考えています。

そうした体力は、当然のことながら、子どものうちからつけてあげることが大切です。

幼児期に「運動コンプレックス」を持たせない

では、どうやって子どもに体力をつけさせていくか。

幼児期の家庭でまず意識していただきたいのが、子どもに「運動コンプレックス」を持たせないことです。

「運動が苦手でも、勉強ができればいい」という考えの方がいますが、これは大人の発想です。子ども社会、とくに小学校くらいまでは、運動神経のよさはひとつの勲章です。勉強ができることよりも価値を持っていたりします。そして、そのことを子どもたちは肌で感じ取っています。

なので、たとえば運動会の徒競走でビリになったわが子に、「あなたは勉強ができるから大丈夫」と言っても、子どもには慰めにもならなかったりします。それどころか、「自分は運動がダメなんだ」というコンプレックスにつながりかねません。

運動コンプレックスを甘く見てはいけません。子どもが自信喪失した場合、それを絶ち切れず、青年期まで持ち越そうものなら、うまくいかないことにぶつかるたびに「やっぱり私はダメなんだ……」という思考が働くようになってしまいます。

運動が苦手な子には、水泳、武道、ジョギングがおすすめ

「うちの子、運動コンプレックス持っているかも」と思ったら、一念発起して、

子どもにスポーツをさせてください。

スポーツは何でもかまいません。目的は「体力をつけること」です。「うちの子は反射神経がちょっと……」と思うのであれば、「水泳」「武道」「ジョギング」がおすすめです。

スイミングスクールに通わせれば、「級」があるため、スモールステップで確実に成功体験を積むことができます。

武道教室の場合も、同じように認定試験があります。また、武道の場合、大きな声を出すことで身体の反応がよくなる効果もあります。

ジョギングはセンス云々よりも、精神力を鍛えるという意味でおすすめです。ある小学生の女の子は、走るのがとても遅かったのですが、お父さんと毎日ジョギングをつづけ、駅伝に出場するまでの力をつけました。

思春期には、できれば運動系の部活に入るといいと思います。身体がつくられる時期なので、毎日運動をすることで、基礎的な体力をつくることができます。

またこの時期、女の子の場合、お母さんは出産や子育てのことを話しておいてあげてもいいでしょう。出産と子育ては、命がけですからね。

親が心がけること 2

「キライ」「苦手」などのマイナスワードを禁止にする

人生を台なしにする言葉

子どもが「キライ」「苦手」という言葉を使い出したら「黄色信号」です。

たとえば、算数の図形や立体問題において、これまできっちり、しっかりやってきた子が、難しさを感じるようになり、この言葉を言い出したりします。わりと女の子に多いように感じます。

私は、この「キライ」「苦手」という言葉を言わせつづけることは、人生を台無しにすると考えています。これらの言葉を言っていればラクなだけで、乗り越えるための努力から逃げてしまうからです。「算数、苦手なんだよね」「英語、キライ」と言っていれば、テストの点数が悪くても、それほど落ち込まずに済みます。

中学校までの勉強では、「一生懸命やってもわからない」という教科はないと私は断言できます。「キライ」「苦手」という思い込みが、努力の邪魔をし、「わからない」ままにしてしまうのです。

親としては、わが子にこうした「逃げ」の姿勢を取らせないことです。「勉強は、やればわからないことはない」という強い信念を、親自身が持ってほしいのです。

「私、算数が苦手なんだよね」とわが子が言ったら「本当に？　じゃあ、わかるために、あなたは何をしたの？」とすかさず言ってやらなければなりません。

親の謙遜が子どもの苦手分野をつくってしまう

さらに、親自身の、子どもの目の前で「この子は、文章題ができなくてね～」

といった発言もＮＧです。子どもにとって親の言葉は、神の声です。その言葉は、その子に染みつき、本当に苦手になってしまいます。

日本には謙遜という文化がありますが、これを子どもに対して使うのは避けてください。言葉は人を縛るから怖いのです。

花まる学習会では、日々の授業や野外体験企画において、「マイナスワードは禁止」ということを伝えるようにしています。

なぜなら、「つまらない」と言ったら、つまらなくなるし、「キライ」と言ったら嫌いになるからです。「言霊《ことだま》」といわれるように、言葉は人をよくも悪くも縛る力を持っています。

結局、「面白くしたい」と思ったら、自分で面白くするしかありません。「いやだ」「キライ」「苦手」「合わない」といった言葉が口グセになっていると、そうした発想すら持ち得なくなります。

みなさんのご家庭でもぜひ、「マイナスワードは禁止」をルールにしませんか。

親が心がけること 3

「これだけは負けない！」得意技をひとつ持つ

認められた自信が、好循環をつくる

わが子が小学校を卒業する前に、親としてぜひ、サポートしてほしいことがあります。それは、「これだけは負けない！」と思えるものを、ひとつでもかまわないから、身につけさせてあげることです。

これが、子どもが自分の人生をイキイキと過ごせる土台となります。

虫博士でもいい、鉄棒が大得意でもいい、絵が上手でもいい。何か「クラスで一番」になれるものを持たせてあげてください。子ども同士の間で「おまえ、すごいな！」と称賛される場があることが大事です。

なぜ、これが逆境を乗り越えることに関係しているのでしょうか。

没頭できるものがあることは、もちろんその人自身の人生の彩りとなります。社会人になってもやりつづけることができるものならば、そこから新しい人間関係が広がるかもしれません。何よりも、好きでやりたいことがあるというのは、それだけで幸せなことです。

別の側面もあります。年齢に関係なく、自分が得意としていることが、まわりの人に評価されることで、社会的な自信がつきます。

とくに子ども時代は、友達やクラスメートからの「すげー！」が絶対的な価値を持ちます。「自分は認められた！」という喜びは、ほかのことにも波及していきます。「自分を認めてくれている」という信頼感を足場に、子どもは次の挑戦へと踏み出していけるのです。

ある中学生の教え子のエピソードです。

高校入試直前の模擬テストで、得意な数学でケアレスミスを連発。思わず心配になって私が「大丈夫か？」と声をかけたところ、返ってきたのが「大丈夫です。僕、本番に向けた集中力の高め方をわかっていますから」。

彼は小学校時代にピアノのコンクールで全国優勝をした経験があります。ひとつのことに打ち込んで結果を出したことで、彼は相当な芯の強さと自信を身につけたのでしょう。そして、見事2週間後の入試で、最難関の私立高校に合格しました。

得意技のある子は打たれ負けない

「ピアノで全国優勝」と聞くと、「うちの子には、そんな得意技は無理！」と思う親御さんもいらっしゃるかもしれません。

でも、先述したように、「クラスで一番」くらいのものでかまわないのです。

「わが子に、子ども同士の世界で、『おまえ、すごいな！』と称賛される経験をさせてあげよう」という視点で、わが子の好きなものを深めさせてあげてほしいと思います。

得意技があり、それをもとに社会的自信も得ている子は、人間関係にも強いなと感じます。たとえば、ちょっとしたいやがらせをされても、自分に自信がある子は、「それが何?」くらいの気迫を持ち、ちょっとやそっとでは打たれ負けないところがあります。「私は大丈夫」と信じられているゆえの強さなのだと思います。

子育てコラム

開花した魚博士

沖縄・宮古島で行われたサマースクールでのことです。参加者の中に小学6年生のH君がいました。身体は大きく、動きはゆっくり。自信のなさを絵にかいたような猫背でうつむきがちな子でした。

ところが、魚の知識たるや、大人顔負け。数冊の分厚い魚図鑑が頭にインプットされているかのごとく、魚の質問をすると、「あ〜、その魚は○○目××亜目の△△科で……」という具合で、まるで次元が違います。

このコースでは「フィッシュネーム検定」というゲームが恒例行事になっています。初日から魚の写真を見ながら覚えはじめ、3日目の夜から自己申請で、覚えた四十数種類の魚の「科」と「名前」を言っていくというルールです。

H君はというと、初日の夜に初見ですべて魚を言い当て、さらに魚の名前が間違っていることまで見つけ出しました。こうなると、子どもの世界では人気者です。2日目になると男の子の間では、親しみと尊敬を込めて彼を「さかなクン」と呼ぶようになっていました。

3日目の夜、H君に魚講義をしてもらうことになりました。彼の好きな魚や、その魚の魅力などを語ってもらう内容です。緊張した面持ちながらも、丁寧に大好きなセグロチョウチョウウオの魅力を語ってくれました。

そして、話し終えたときにはものすごい拍手。照れながら、しかしいままで見たことがないくらい背筋を伸ばし、やさしくニッコリとほほ笑むH君。そんな彼へ贈る言葉は、やっぱり「カッコいい」。

同じことを感じた女の子もいたようで、6年生Uさんは、彼の話を聞きながら目がハートになっていました。魚講義の後、私のところに来て、「さかなクンに教わりたいな~」と言うので、「そう伝えてごらん」とアドバイス。

彼女は意を決してH君に「どうやって、魚の名前を覚えるの?」と話しかけました。このときのH君の狼狽ぶりはすごかった。女子に話しかけられたことなど、生まれてこの方なかった……という感じです。それでも根がやさしいH君ですから、彼独特の「魚覚え」のコツをUさんに伝授していました。

そして、4日目の夜、残りわずかな時間で、Uさんは「フィッシュネーム検定」にチャレンジ。見事にH君につづき2人目のフィッシュネームの「達人」の称号を得ます。その喜びのままUさんはH君の手を握り、「ありがとう！ H君のおかげだよ！」。この瞬間を見られた私は本当に幸せ者です。

この経験で、H君の中で何かが弾けて、新しい何かが生まれたのでしょう。疲労困憊で羽田空港の到着ロビーを歩く仲間たちに、声を張り上げ「もう少しだ〜！ 頑張れ〜！」。このサマースクールを経て、「男らしさ」も見事なまで身につけていました。

さて、ひと夏の、純粋で甘酸っぱい、「恋未満」の物語はどうなったのか。

解散場所でUさんがH君に駆け寄ります。そして、一言二言言葉をかわし、さわやかに握手。さすがに「連絡先を交換する」ほどの器用さはなかったようですが、願わくばこの2人がどこかで再会してくれたら……です。

何はともあれ、H君にとっては、たしかな自信を得た夏だったと思います。この経験がなければ、もしかしたら自信が何もないまま中学校生活をスタートさせていたかもしれません。

彼は「魚」という「大好きなもの」に夢中になり、その知識を積み重ねてきました。それはいままではスポットが当たることがなかったかもしれない。

ところが、ある日突然、その大好きなものを媒介にして、女の子にモテたのです。この1回のモテ経験は思春期男子にとってきわめて重要です。

私たちとの別れ際に、H君はこう言いました。

「もう1回ちゃんとお礼がしたくて……。本当に、本当にありがとうございました。僕は海洋生物学者になると決めました。海の生き物を大切にする仕事をします。さようなら」

親が
心がける
こと
4

「夢中でやって、認められた！」という体験を持たせてあげる

「夢中」には取引がない

「成功には、努力がつきもの」という考え方はあります。それは、一面では正しいと思いますが、一方で、「ああ、これに取り組んでいるときは夢中だったな。すごく楽しかったな」という成功体験もあると私は考えます。

元陸上選手の為末大さんが、ネット上でこういう内容のことを書いていました。

努力する人は「取引」をしている。目標という成果を得るために頑張る。運よく手に入れられればいいけれど、そうでないと「こんなに頑張ったことが無駄になった」と落ち込んだりする。

夢中の人は取引をしていない。もうその時間そのものが楽しいのである。

彼は、およそアスリートと呼ばれる人たちの中でも、傑出した知力を持っているると私はつねづね感じています。

その彼の言葉には、非常に説得力があります。


私自身、いまの仕事はまさに夢中になれるものです。

しばしば、「創業期などは大変だったと思います。どうしてそんなに頑張れたのですか？」とか、「20年以上やってきて、つらかったことは何ですか？」といった質問を受けることがあります。

しかし、私には、頑張ったとか、つらかったという気持ちがまったくありません。借金ばかり積み重なっていた立ち上げのころ、1年365日、休みなく働いていた最初の10年も含めて、本当にずっと楽しかったのです。いまも昔も、授業でも、野外体験でも子どもたちといられる喜びを満喫しているし、保護者向けの講演会は何度やってもワクワクします。

「これってなんでだろう」と考えたとき、「夢中だったからだ」ということに気がつきました。

親こそ、夢中になれるものを持とう

「入社試験で、待遇を言い出す人間は採用しない」と、某大企業の役員の方から聞いたことがあります。

この方の考え方の根底にあるのは、働いた労力や時間といった「努力」に対して、どれだけの金銭を得られるかという「取引」の視点を持っている人は、人材として育たないという経験則なのでしょう。

大事なのは、これをやりたいという「思い」であり、「大好きな何かがある」ということであり、熱中した経験があることなのです。

それがある人は、どんなことに対しても、「楽しもう」という態度で臨める。夢中を体感したことのある人は強いし、伸びるということなのでしょう。

これを読んでいるみなさんには、そういう経験はあるでしょうか。そして今、夢中になれるものがあるでしょうか。

また、子どもが夢中になれるものを見つけやすくするのには、親自身が、何かに夢中になっている姿を見せることが一番です。

親が何かに夢中になっている姿を、子どもは覚えているものです。

「お父さん、なんであんなに走るのが好きなんだろう」「お母さんって、ヒマさえあれば本を読んでいるよなぁ」という具合です。

何でもいいのです。ぜひご自身も夢中になれるものを持ち、その姿を見せてあげてください。

親が心がけること 5

「旅」に出す

同質な集団から離れる経験をさせる

社会に出たら、それまでの学生生活とは比較にならないほど多種多様な人たちと人間関係を築いていかねばなりません。その中で自分がこれまでに遭遇したことのないような価値観に出合うこともあるでしょう。時にそれが不条理に感じられることもあると思います。

それが、「普通」なのです。

ところが、自分のこれまでの価値観と相容れないものに遭遇すると、それらに対して「合わない」と表現する人がいます。「上司が合わない」「仕事のやり方が合わない」「イメージしていたものと合わない」……。

こうした「合わない」が口グセになってしまうと、この社会に自分を適応させていくのがどんどん難しくなってしまいます。自分で自分をどんどん生きづらくしてしまうのです。

多様な価値観を受け入れられるかどうかは、どれだけ「自分にとっての『当たり前』が当たり前ではない」という経験をしてきたかが大きく影響します。そこで、子どものうちから、「自分とは同質な集団から離れる」という経験をたくさんさせてあげてください。

おすすめは、「旅」です。

「旅」とは、異質な集団に入っていくことですから、じつに多様な価値観を受け入れることを求められます。そこで楽しもうと思ったら、自分自身がしなやかに変わっていかなくてはいけません。旅はそのことを教えてくれます。

たとえば、夏休みにおじいちゃん・おばあちゃんの家まで、電車や飛行機を使ってひとりで泊まりにいかせてみる。これも立派な「旅」です。

おじいちゃん・おばあちゃんの家は、自分の家とは違います。そこで2泊くらい一緒に過ごすだけでも、いつもの「慣れっこ」の家では味わえない感覚を体験できるはずです。

○旅を通して、たくさんの「当たり前」に気づく

ちなみに、花まる学習会では、サマースクールや雪国スクールなどの野外体験企画を毎年実施していますが、その大きな目的は、まさにこの「多様な価値観に触れてもらうこと」です。

つまり、2泊3日、3泊4日の旅で、子どもたちに「違和体験」をたくさんしてもらいたいのです。

なので、お友達と一緒に申し込むことは禁止です。初めて出会った子たちと、コミュニケーションをとって、ゼロから関係を築いていってもらいます。

そこで子どもたちは、自分にとっての「当たり前」が通用しないことを次々と体験します。

たとえば、同じギャグをくり返しやる子はたいていひとりっ子です。おうちではいつも親が、「面白いね」と笑ってくれるのでしょう。

けれども、実際の笑いの世界は甘くありません。しかも、子どもたちは正直です。何回も同じギャグを見せられると「もういいよ」となり、相手にしなくなります。ここでひとりっ子の子どもは、いままでの自分が通用しないことを痛感させられます。

おうちで配膳や食事の片づけを手伝う習慣がない子は、最初のうちは、片づけるという発想すらありません。みんなが片づけているのに、自分は何もせず、冷蔵庫をのぞきながら「おー！　明日のデザートはプリンだ〜！」などとのんきに言っていたりします。

本人にはまったく悪気はないのですが、こういうことがつづくと、まわりの子どもたちから冷たくされることもあります。そして、それをきっかけにして、「夕飯後は片づけをすることが求められる」ということを理解し、変わっていきます。

長い休みの期間などを利用して、ぜひ子どもを親から離れる旅に出してあげてください。その中で、ほろ苦い経験もたくさんすることでしょう。それがいいのです。そこから、さまざまな「当たり前」を受け入れられるしなやかさが身についていくのです。

親が心がけること 6

一流の人に触れさせる

一流の考え方に触れ、感性の幅を広げる

自分以外の人の考え方やものの見方を知ることは、自分の感性の幅を広げることにつながります。他人の感じ方を学んで、「そういう見方もあるのか！」と気づいていけるということです。

その意味で、一流の人に触れさせる経験をぜひともさせてあげてください。

そこには、親やまわりの大人など、日常生活でよく関わるような人たちでは伝えられないようなメッセージがあります。

とりわけ男の子は、憧れの人やモノがひとたびできると、それを徹底的に調べ

る習性があります。

たとえば、サッカー少年は、憧れのプロサッカー選手の自伝を好んで読んだりします。その中で一流選手たちの言葉やその生き方、その練習方法などが深く染み込んでいきます。

人の考えにふれて強い刺激を受けたという経験を一度でもしておくと、新しいものにも興味を持ちやすくなります。少しの逆境を味わっても、「これを乗り越えたときに、よりよい自分になっているということだな」と、むしろ試練を楽しみに変えられるのです。少しの逆境を味わっても、「これを乗り越えたとき、自分はもっとよくなっている」と、むしろその試練を楽しみに変えられるものです。

感動経験の深さが生き方を決めていく

また、一流の人やモノに触れることは、深い感動経験を生みます。

深く感動した経験を持つと、その分、感性が磨かれていきます。それゆえ、

「くだらないことはしたくない」という発想で、自分をラクなほうに置かないという生き方をするものです。

「キツイほうをとれ」。これは、私が小学校卒業を迎えた子どもたちに向けての講演会で、毎年伝えていることです。

日々の選択において、「こっちでいいや。ラクそうだから」となるか、「ちょっと大変そうだけど、こっちのほうが面白そう！　自分が成長できそう」と思えるかで、人生は大きく変わっていきます。

一流の人やモノに触れる習慣があることは、生きるうえでのこうした姿勢にも影響を与えるのだと思います。

親が
心がける
こと
7

憧れの存在をつくる

「あの人みたいになりたい！」の強烈なパワー

思春期の子どもは、親以外の人を頼りはじめます。お母さん・お父さんとしては少しさみしい時期ですが、自らの力で外に出ていこうとしているわけですから、ぜひ見守ってあげてください。

「親以外の人」の中にはまず、この本でくり返し述べている「外の師匠」がいます。また、「憧れの存在」というのも現れます。

じつは、この「憧れの存在」を持っているかどうかは、その子がどれだけ頑張れるかに大きく影響します。

バレエを習っているある女の子には、憧れのお姉さんダンサーがいます。「あのお姉さんみたいになりたい！」と、通常のレッスン以外にも、自主練習を欠かしません。

そのおかげで、気がついたらひとつ上のクラスのレッスンに呼ばれるようになったのだとか。

男の子にはサッカーが人気ですが、小学4年生のある子は、スペインのイニエスタ選手の大ファン。彼のプレーをテレビでずっと見たり、雑誌でイニエスタ選手の特集記事があればそれを読み込んだり。さらに、そうしたことから学んだことを、自分の練習にも活かしているそうです。

「イニエスタ選手に憧れたので、僕はサッカーがうまくなったと思います」と語っていました。

音楽でも、運動でも、芸術でも、仕事でも、「ああなりたい！」という存在がいることが、モチベーションを高め、「もっと頑張ろう」という原動力になってくれるのです。

親が心がけること 8

家庭に「笑いの文化」を

今日、誰かを笑わせてみよう！

何かに挑戦するとき、失敗はつきものです。けれども「あ〜、やっちゃった」と落ち込みすぎてしまっては前に進めません。

子どもでも、お母さんでも、お父さんでも「ああ、この人は明るいなぁ」と思う人は、切り替えるのが上手です。なかでも、自分の失敗を笑いのネタに変えられる人は、とくに切り替えるのがうまいと思います。

家庭の文化として、「笑わせてやろう」という姿勢が親にあると、子どもは自然とそれを受け継ぎます。

小さいころ何度も大笑いをしたから、大人になっても大笑いができる。友達を何度も笑わせて喜ばせることをしたから、大人になっても人を喜ばせることができるのです。そして、そういう人のまわりには人が寄ってきます。笑いっぷりのいい人は、間違いなく魅力的ですからね。

笑いのある家庭とは、テレビを見てゲラゲラ笑っていることが多いということではありません。家族の一人ひとりが、目の前の相手を笑顔にしたい、喜ばせたいということが習慣になっている家庭です。

とくに、親自身に、そうした姿勢を持ち、率先してわが子に見せてあげることに意味があるといえます。

なかには、「わが家にそういうタイプの人はいない」という人もいるでしょう。でも、家庭内にそういう人がいないからといって何もできないわけではありません。笑いのセンスというのはむしろ後天的なもので、経験値がものを言います。

笑わせ上手の同級生を見て「何がポイントなのかなぁ……。間かなぁ……」と考えたり、落語を聞いて「人が笑うポイントって、こういうところなんだ！」と気づいたり。自分で磨いていけるものでもあります。

まじめすぎず、「いい加減」で生きよう

これまで、心の病気で亡くなる人を何人か見てきました。そうした人たちに共通しているのは、「まじめすぎる」ということでした。

与えられた責任をまともに背負う誠実さは本当に素晴らしいのですが、度が過ぎると、いい加減でストレスを笑い飛ばしたり、行きすぎたりしないように自分で調整するといった「あそび」の部分がまったくなくなってしまうのです。

逆に、人生を楽しめる人は、どこかで自分をモニタリングし、面白がれるという「あそび」が満ちていると思います。それは、自分を「俯瞰する」ということに通じますよね。

親が心がけること 9

小さくてもいい。「モテ経験」をたくさん積ませる

共感できる人はモテる

第2章でも触れましたが、子どもであれ、大人であれ、日々の生活でぶつかる逆境の最たるものは、「人間関係」だと思います。「いやだ」とか「つらい」という感情を探っていくと、人間関係にその源があったりします。

なので、逆境力を高めるとは、人間関係力を高めると言い換えてもいいかもしれません。

そして、人間関係力が高い人には、コミュニケーションにおいて共通点があります。それは、相手をいい気持ちにさせる術を知っている、ということです。

「この一言が、この人を笑顔にするだろうな」と、相手を思っての言動をとることができるのです。「共感力」にすぐれているといってもいいでしょう。

この「共感力」は、持って生まれたものというよりは、生身の人間関係の中で磨かれていくものです。目の前の人を「喜ばせよう」「幸せにしよう」と行動し、その結果、喜んでもらえた経験の積み重ねで磨かれていきます。

そこで私がおすすめしているのが「モテ経験」の積み重ねです。

子どもの世界にはモテるチャンスがたくさん

親の中には、「『モテ経験』といっても、うちの子にそんなチャンス、あるのかしら」と思う人もいるかもしれません。

大丈夫です。子どもの世界には、環境さえそろえばミニモテ経験がたくさんあります。ちょっとした「この人を喜ばせよう」という行動が、「モテる」につながりやすいのが子どもの世界なのです。

花まる学習会のあるサマースクールでのことです。

参加した小学1年生の女の子が、川辺での石探しで見つけたハート型の石をボチャンと川に落としてしまいました。一番のお気に入りの石です。川は白い水しぶきを上げており、到底、小さな石など見つけられそうもありません。女の子は泣き出してしまいました。

そこに通りかかったのが、同じ1年生の男の子。事情を聞き、「じゃあ、オレが見つけてくるよ！」とゴーグルをサッと装着し、川に潜りはじめました。けれども、水しぶきの中ですからなかなか見つかりません。「これ？」「ううん」「これ？」「ちがう」……。

そんなことをくり返していたのですが、ようやくそれらしいものが見つかりました。「これ？」「……そう！」。

そして、その男の子は、「ほいっ。じゃあな」と言って去っていきました。

モテ経験が、一歩踏み出す自信をつくる

女性ならばおわかりでしょう。

その女の子は、たぶんこの「ヒーロー」に恋をしてしまったはず。自分のためにわざわざ潜って石を探してくれたのですからね。男の子だって、女の子からのハートの視線を背中で感じたはずです。「僕、モテちゃった！」と思う瞬間です。

こうした小さなモテ経験を一つひとつ重ねていくことで、「この人も、私のことを好きになってくれるかもしれない」と相手への信頼を持ち、より深く相手と関わっていこうとするようになるのです。

そして、それがさらにモテ経験を増やしていくという好循環を生んでいきます。

逆にモテ経験がないまま社会に出てしまえば、それは大きなハンデになりかねません。相手がどう反応するか、どうしたら笑顔になるかを想像できないからです。その結果、人との円滑なコミュニケーションが取れなくなってしまうのです。

わが子にモテ経験を積み重ねさせるには、子ども同士の世界で自由に遊ばせることです。学年の異なる集団に身を置かせることも、そのチャンスを増やします。花まる学習会がわざわざ野外体験企画を行っているのも、いまの日本ではあえてそういう環境をつくらないと、子どもたちの自由に遊ぶ機会が少なくなってしまっているという問題意識からでもあるのです。

親が心がけること 10

「哲学」することを促し、たくさん考えさせる

○「哲学」とは、自分にとっての「よりどころ」

一流の人に共通していることがあります。それは、「哲学を持っている」ということです。

「哲学」とは、一言でいえば、その人の中での「生きていく礎《いしずえ》」です。自分自身の体験の中から、「自分はこう！」と決め、それを言葉にしたものです。単に人の意見をまとめてそれを使いまわすのが上手いだけでは、「考えている」とはいえないのです。

自分にとっての哲学とは、自分にとって最後のよりどころであり、生き方を決

定するものだと言えます。そこにあるのは「正しさ」ではなく、その人にとっての「真理」かどうかということなのです。

逆に、自分なりの哲学がないと、「何を『よし』とするか」を決められなくなります。情報を処理できないし、判断もできない。起こった事態に対して、身の処し方も決められなくなります。

「哲学」は、一朝一夕で持てるものではありません。自分をさんざんモニターしたあげく、見つけていくものです。

そのため、子どものうちから「哲学する」という経験をしっかり積ませてあげてほしいと思います。

哲学の萌芽は、「赤いハコ」時代の幼児期にあります。そのスタートは、「自分なりの疑問を持つこと」です。

ある幼稚園児向けの授業でのことです。お母さんに向けて絵本をつくってもらうことにしました。そのとき、年中さんの男の子が「先生には、お母さんいるの？」と尋ねてきました。ふっとわき出た、まさに「自分なりの疑問」ですよね。これも立派な「哲学」の萌芽です。あまりにかわいくて、思わず、抱きしめてしまいました。

子どもの「なんで？」「どうして？」を大切にする

では、幼児期のわが子の「哲学する」をサポートするために親は何をすればいいのでしょうか。

それは、わが子の「なんで？」「どうして？」を大切にしてあげることです。「知りたい、考えたい」の多い子は、基本的に伸びます。好奇心を持って世界を見つめているということですから。

もちろん、親からすれば、たびたび質問されると、家事の手も止まってしまい大変だと思います。そんなときは、「そうやって不思議に思ったことがいいね！」

とまずは声をかけてあげましょう。決して邪険にしないことです。

説明するときは、できるだけ解きほぐしてあげる必要があります。また、親自身がわからないときは、時間のあるときに一緒に調べてあげてください。さらに慣れてきたら、ひとりで調べられるような道具（たとえば、辞書やインターネットなど）を与えてあげてもいいですね。

思春期の子には、本音で自分の哲学を語る

思春期になると、自意識が芽生えはじめます。その中で、「赤いハコ」時代よりも深い疑問を持つようになっていきます。

たとえば、「どうしていじめがあるの？」「なんで友達を大事にしろって言うんだろう？」「なぜ勉強しなきゃいけないの？」……などなど。

こうしたさまざまな疑問の行きつく先は、「自分って何だろう」ということで

す。そう、哲学というのは、自分というものを見つめた先に、「人間とは何か」というテーマが横たわっているのです。

その思考を通して、「人間とはこういうものなんだな！」とか「やっぱり、これが真理だ」という発見をしていきます。「自分とは何者か」という本質を悩み抜くことで、いままでまったく見えていなかった世界が開けてくるという感覚でしょうか。

さて、その思春期に、子どもが哲学するためには親はどうサポートしてあげればいいのでしょうか。

私が講演会等で、保護者にお話ししているのは、次の３つです。

①大人が本音で語る

まずしていただきたいのは、「大人が本音で語り、信念をぶつける」ということです。

思春期になると、「違う宗教だからって殺すの、ひどくない?」「この政治家、いっつも同じこと言ってるよね」など、ニュースに突っ込んだりもしてくるようになります。他人を切り捨てるような物言いになることもあるでしょう。これもひとつの成長段階です。

そのとき、親の考えで子どもなりの考えを論破するのではなく、ご自身の「哲学」をただ伝えてあげてください。自分の哲学を伝えた後は、「あなたはどう思う?」と問いかけてあげてみましょう。

あるいは「あなたがこう言っている政治家だけど、こういう責任ある立場になるのはどのくらい大変か知っている?」という問いかけでもいいでしょう。何も知らず切り捨てるもの言いをすることの恥ずかしさをわかればいいのです。

無理やり答えをひねり出させる必要はありません。この時期は、哲学すること自体に意味があるのです。そのときは口ごもってしまっても、そのあとに自分の心にひっかかれば子どもはずっと考えます。それが大切なのです。

②感動体験

自分が心から、揺さぶられた経験というのも、人を哲学へといざなうものです。これまでの自分をひっくり返してしまうような感動体験を持っている人ほど、哲学もしっかりしていると感じます。

音楽・映画・読書……。先達が生み出してきた芸術には、親やまわりの人など、日常生活で関わっている人では伝えられないメッセージがたっぷり含まれていま す。また、人間が創り出したものに限らず、「宇宙」や「生命」といったテーマも、多くの人が引き付けられます。

面白いことに、ひとつの感動体験は、次の感動体験へと人を向かわせます。たとえば、ある子どもが、あるミュージシャンの音楽に感動したとします。すると、その子は、そのミュージシャンが尊敬している音楽家の曲も聴くようになったりします。

そうやって一つひとつつながっていって、感動体験がさらに深まっていくことが多々あるのです。

先日、あるテレビ番組で見た中学生の男の子は、5歳のころに「粘菌」という生物に出会ってから夢中になり、いまや数々の実験で賞を受賞しているとのことでした。いまの実験テーマは「自分と、自分ではないものは、ひとつになれるのか」だそうです。生命はまさに、哲学の源泉です。

③日記を書く習慣

これは、第4章でも触れましたが、「哲学する」ために不可欠なものなので、再度取り上げます。

「書く」という手段は、自分の考えを深めるためにとても有効です。

自分の頭の中で考えていることをいったん文字にしてアウトプットすることで、ある意味、俯瞰して自分の考えを眺めることができます。そこから新たな発見があり、次のステップへ自分を高めていくことができます。

私自身、12歳のころから日記を書きつづけています。気持ちいいことだけでなく、惨めな自分や、自分だけではどうにもならないような大きな苦難なども日記で問いかけ、そこから答えをつかんできました。そうした経験があるからこそ、「書く」ということは、快感そのものだと考えています。

哲学してきた人というのは、にじみ出てしまう魅力をもっています。哲学があるから、ちょっとやそっとのことではよろめきません。厚く信頼できます。その魅力に人はひきつけられていくのです。

哲学する経験は、まわりの人がどう接するかでその深みや絶対量が変わってきます。わが子が哲学しやすい環境をぜひつくってあげてください。

おわりに

かなり昔の、サマースクールでのことです。10人ほどの班の子どもたちをまとめる役として、ある20代前半の女性にリーダーをお願いしました。

彼女はとても優しくていい人だったのですが、子どもにかける声はボソボソとしていて、まるで覇気がありませんでした。そこで、今の彼女には必要なことだと考えた私は、声の出し方のポイントに始まり、ここはこういう風に変えていかなければいけないよ、ということを一つひとつ伝えたのです。するとどうでしょう。翌年には、まるで別人のように明るく子どもを率いてくれたのです。

こんな風に、ある程度育ちきったかなと思うような時期でも、指摘されれば人は変われるという例は、たくさんあります。

けれどもその一方で、こういうケースもあります。ある会社の人事部長から聞いた話です。新卒で入社してきた男性。配属されて早々、こんな発言が目立ちました。

「同じ仕事ばっかりで嫌ですよ」

「この先給与は上がるんですか？」

「（同期に向かって）おまえらはできるからいいよなあ。どうせ俺はだめだ」

このように、自分の思い通りにならない、うまくいかないことに対して、すねた発言、マイナス発言ばかりを繰り返し、自分の殻に閉じこもってしまうようなことが多かったそうです。そして極めつけは、母親が「息子から聞いた話では、こんなにひどい環境で働いているそうじゃないですか！」と乗り込んできたことでした。

成人したはずのわが子の勤め先に親が乗り込むというのは、きわめて恥ずかしいことのはずです。本書にも書きましたが、ちょっとしたもめごとに親が介入するなどということは、子ども自身の将来を思えばすべきではないし、するとしたって、最後の最後の手段であるはずです。この母親は、もう社会に出た一人前として扱わなければならない息子に対してすら、同じようなことをしてしまったのです。どういう幼少期を過ごしていたのかは、推して知るべしです。

冒頭の例のように、こちらが伝えてあげれば変われる可能性を人は多分に持っているものです。しかし、本書のテーマである「逆境への耐性」という部分においては、なかなか変えられないな、というのが現場感です。いやなこと、思い通りにならないことへの耐性の弱さというのは、それまでの経験の積み上がりによって決まってしまい、あとから鍛える、挽回するのはかなり難しい。ですから、この親子のような関係になってしまったら、「かわいそう」としか言いようがありません。

「すべてにおいて逃げるな」と言っているわけではもちろんなく、明らかなハラスメントなのに頑張り続けてしまうとか、このままでは体が壊れてしまうといったような状況で身を引かないのはおかしいですが、あまりに逆境耐性がない人というのは、逃げる、切り捨てる、クレームを言うといったことをすぐにやってしまいます。「店じまいが早すぎる」のです。

そして、「自分だけつらいんだ」という思い込みが強く、誰かを幸せにしようなんて思えません。こういう人はどこに行っても「自分」「自分」「自分」です。「つらい自分、大変な自分」という枠を取り去り、物事のとらえ方を変えないかぎり、どこに行っても幸せにはなれないし、人から必要されることもないという、悲しい結末しか待っていません。

子育てのゴールというのは、わが子が社会に出る時だと私は考えています。ですから、まだ小学生や中学生のお子様をお持ちの親御さんには、なかなかわが事として受け止めるのはまだ難しいかもしれません。だからこそ、お子さんが「後戻りできない」人に育ってしまわないように、「逆境耐性」というキーワードを胸にとめ、わが子が壁にぶつかったらその都度、本書を読み返していただければと思います。

そして何より、「世の中甘くないんだな」ということを子どもが肌で感じ取れるように、必死に、けれど楽しく生きているという姿を見せていってあげてください。その姿を目に焼き付けて、感じ取って、子どもは育っていくのですから。

最後になりましたが、本書の制作に協力してくれた花まる学習会のスタッフである竹谷和さん、本当にありがとう。

また、本書の編集を担当していただきました、さくらエディションの前嶋裕紀子さん、プレジデント社の岡本秀一さんに御礼を申し上げます。ありがとうございました。

２０１５年３月

花まる学習会　代表　高濱正伸

高濱正伸（たかはま まさのぶ）

1959年、熊本県生まれ。

県立熊本高校卒業。東京大学・同大学院修士課程卒業。

学生時代から予備校等で受験生を指導する中で、学力の伸び悩み・人間関係での挫折とひきこもり傾向などの諸問題が、幼児期・児童期の環境と体験に基づいていると確信。

1993年2月、小学校低学年向けの「作文」「読書」「思考力」「野外体験」を重視した学習教室「花まる学習会」を、同期の大学院生と設立。同時に、ひきこもりや不登校児の教育も開始。95年には、小学4年生から中学3年生対象の進学塾「スクールFC」を設立。

算数オリンピック問題作成委員・決勝大会総合解説員を務め、スカイパーフェクTVの中学生の数学講座講師も務める。また、埼玉県内の医師やカウンセラーなどから組織された、ボランティア組織の一員として、いじめ・不登校・家庭内暴力などの実践的問題解決の最前線でケースに取り組む。

著書は、『子どもを伸ばす「生まれ順」子育て法』（朝日新聞出版）、『「メシが食える大人」に育つ子どもの習慣』（KADOKAWA）、『伸び続ける子が育つ！ お母さんへの60の言葉』（青春出版社）など多数。

へこたれない子になる育て方

2015年 4 月10日　第1刷発行
2021年 9 月16日　第3刷発行

著者　高濱正伸
発行者　長坂嘉昭
発行所　株式会社プレジデント社
〒102-8641
東京都千代田区平河町2-16-1　平河町森タワー
電話：編集（03）3237-3732
販売（03）3237-3731
http://www.president.co.jp/

装幀　黒岩二三（Fomalhaut）
編集　前嶋裕紀子（さくらエディション）、岡本秀一
取材協力　竹谷 和（花まる学習会）
表紙写真　アフロ
印刷・製本　株式会社三秀舎

ISBN 978-4-8334-2123-2
Printed in Japan